也许微乎其微，
但我们正在改变世界！

OFF THE BUS, INTO A SUPERCAR

如何成为创投之星

[土] 拜巴尔·阿尔屯塔斯（Baybars Altuntas）◎著

王佳妮 代瑞红◎译

图书在版编目（CIP）数据

如何成为创投之星 /（土）阿尔屯塔斯著；王佳妮，代瑞红译.
北京：中国发展出版社，2016. 8

ISBN 978-7-5177-0504-8

Ⅰ. ①如… Ⅱ. ①阿… ②王… ③代… Ⅲ. ①企业管理—经验 Ⅳ. ①F270

中国版本图书馆CIP数据核字（2016）第098580号

书　　名：如何成为创投之星
著作责任者：[土] 拜巴尔·阿尔屯塔斯
译　　者：王佳妮　代瑞红
出 版 发 行：中国发展出版社
（北京市西城区百万庄大街16号8层 100037）
标 准 书 号：ISBN 978-7-5177-0504-8
经　销　者：各地新华书店
印　刷　者：三河市东方印刷有限公司
开　　本：880mm × 1230mm 1/32
印　　张：8.375
字　　数：168千字
版　　次：2016 年 8 月第 1 版
印　　次：2016 年 8 月第 1 次印刷
定　　价：45.00元

联 系 电 话：（010）68990646 68990692
购 书 热 线：（010）68990682 68990686
网 络 订 购：http：//zgfzcbs.tmall.com
网 购 电 话：（010）68990639 88333349
本 社 网 址：http：//www.develpress.com.cn
电 子 邮 件：cheerfulreading@sina.com

献给

我的妻子拉基比

我的女儿阿拉若与爱达

未来创业者们

推荐语

RECOMMENDED LANGUAGE

拜巴尔·阿尔屯塔斯所撰写的这本书籍对全球创业生态系统作出了杰出贡献，我们在此向他表示谢意。拜巴尔为未来企业家们概括出了很多实用的观点，引导他们建立自己的企业并促进企业成长。

——塞尔维亚王储与王妃

亚历山大二世与凯瑟琳

在本书中，阿尔屯塔斯讲述了一个动态的、精力充沛的创业家的励志故事。他带你领略他创业之旅的跌宕起伏，凭借独到的方式应对各种陷阱与挑战，锐意冒险，抓住机遇，为读者奉上独具意义的借鉴经验。

——可口可乐公司董事长兼首席执行官

穆泰康

我鼓励那些走上创业之路的人都应读读这本书，从拜巴尔的经历中学习和受益。

——新加坡政府国会议员、世界创业论坛联合主席、

《创业艺术与科学》作者

殷吉星

本书堪列全球创业书籍前五位。

——世界创业论坛执行主席、里昂商学院副校长

图格鲁尔·阿塔梅尔　教授

通过幽默口吻与励志精神，高度还原个人经历，向读者呈现了一位企业高管白手起家的创业故事，致力于传播创业思想。

——纽约天使投资创始人、Gust公司首席执行官、

《天使投资：创业投资盈利的趣味指南》作者

戴维·罗斯

作者用心分享众多传奇故事与亲身经历，为读者奉上一个有趣的创业故事。

——Aramex快递创始人兼董事长

约旦法迪·甘杜尔

在这本书中，读者将与之同行创业路，分享奇妙故事，本书真可谓是众人的灵感与勇气之源。

——土耳其航空首席执行官兼总裁兼总经理

塔摩尔·寇提奥　博士

在本书中，拜巴尔向读者详细展现了创业旅程的每一步。

——欧洲商业天使网络主席

坎迪斯·约翰逊

拜巴尔的人生故事告诉我们，一切皆有可能。

——天使资本集团创始人兼首席执行官、欧洲商业天使协会名誉主席

安东尼·克拉克

心怀梦想与成功信念的人们必须读这本书！

——欧洲商业天使网络及欧洲商业天使与早期市场参与者同业公会名誉主席

保罗·安德烈

胸怀抱负的年轻创业者们，你们一定会爱上这本书！

——天使投资协会名誉主席、《每个企业都需要一位天使》合著者

约翰·梅

对于希望夺得创业“圣杯”的有志之士来说，本书绝对是不可多得的必读之作。

——欧洲青年企业家与创业者联合会主席、

StartTech Ventures公司首席执行官

迪米特里斯·西戈斯

有志于创业的人士定先阅读本书！

——Webit Global Congress公司创始人兼董事长、《权力归于人民》作者

普拉门·罗塞夫

我曾撰写并阅读众多创业书籍，本书堪称最佳之作。

——Tech Coast Angels名誉主席、博克斯经济学创造者、《博克斯经济学》作者

大卫·博克斯

这本书将被列入企业创始人的必读书目清单。

——Oasis 500公司首席执行官

尤瑟夫·哈米达丁

读者在阅读本书时，将会感受到创业精神并不因年龄或背景而受到限制。只要具备正确的创业心态，即使是大学生也可从零开始，建立市值数百万美元的企业。

——海峡大学经济与管理科学学院院长

阿塞佳·托克　教授

书中内容高潮迭起，众多精彩情节好似《皇帝的新衣》中皇帝身无一物步于大街时的场景……

——SOS Ventures公司创始人兼首席执行官、爱尔兰创业论坛主席、《龙穴之龙》电视节目明星

西恩·奥沙利文

如果你想拥有属于自己的超级跑车，那么你一定不能错过这本书！

——《今日美国》小型企业高级专栏作家、《完全创业圣经》作者

史蒂芬·施特劳斯

拜巴尔通过本书向读者教授多种思考方式，提出智慧想法与提示，帮助读者变换思维，取得创业成功。

——BigChefs特许连锁餐厅创始人兼首席执行官、土耳其最杰出女性创业者称号获得者、《龙穴之龙》电视节目明星

加姆孜·吉兹雷利

本人向全球创业者郑重推荐这本优秀著作。

——SmallBizLady节目主持人、福布斯最具影响力女性创业者第一位畅销书《12个月成为自己的老板》作者

梅林达·爱默生

这本书是我所见过的最诚挚、励志的商业性著作，有着同类书籍所不具备的娱乐性与趣味性。

——英国商业天使研究所联合创始人、天使新闻网站创始人兼首席执行官、《龙穴之龙非正式指南：创业者或天使投资人》作者

默德威娜·里斯-莫格

如果你想走上创业之路，那么你应该读读这本书。如果你已经是一名创业者，那么你也应该读读这本书。如能有机会与拜巴尔·阿尔屯塔斯会面，请一定抓住机会。

——连续创业家与天使投资人

彼得·布劳恩

强烈建议创业者阅读本书，特别是处于事业起步阶段的创业者们。

——土耳其政府金融业公共关系与交流部主任

阿里·阿尔斯兰

如果你考虑开始创业，那么本书就是你的必读之作。

——欧洲工商管理学院创业学兼职教授、全球40位获得世界经济论坛技术先锋称号者之一

若奥·佩雷拉

拜巴尔毫无保留，与所有希望成功的创业者分享其亲身经历的经验与教训。

——中国人民大学创业与创新学教授、
中国科学院虚拟经济与数据科学研究中心风险投资研究室主任、
中国天使投资协会创始人兼名誉主席

刘曼红　教授

他是一位令人敬佩的励志典范，以真实经历向世界各地的人们传达乐观主义的真谛。

——Arabreneur创始人兼董事长

阿卜杜勒·马利克·艾尔·贾比尔　博士

拜巴尔的经历鼓舞着全球所有创业者。

——澳大利亚中国工商业委员会副主席、金砖五国专家、思想领袖

大卫·托马斯

成功企业家的创业方法是当前创业者的最实用指南。

——印度商业天使网络主席

帕德玛加·卢帕勒尔

少有书籍能够如这本著作般，翻开第一页即被吸引，令人爱不释手。

——Universum大学校长、科索沃商业天使网络主席

阿里丁·贝里沙

读完这本书后，我告诉自己——对，我能够成功！

——英国《移民女性》杂志联合创始人兼总编辑、

“女性网络：决策平等”组织领导人、《抓住你的思想》作者

米蕾拉·苏拉

如果你希望在创业与创新领域一展身手，那么你一定会爱上这本书。

——加泰罗尼亚商业天使网络主席

阿尔伯特·科洛莫尔

拜巴尔新作并非一般阅后即忘的故事，与此相反，这是一个令人深思的真实叙述，更重要的是还可激起读者奋斗的意志。

——俄罗斯国家商业天使协会主席、莫斯科城市创新发展中心首席执行官

康斯坦丁·福金

我可以保证，本书一定令你倍感好奇兴奋，深受鼓舞。

——“剑桥全球合作伙伴”（CGP）主席、
QuestionBox.org网站联合创始人、《创业者星球》合著者
尼基尔·阿加瓦尔 博士

只要相信自己，努力付出，无处不可实现美国梦。

——塞尔维亚商业天使网络主席、
高科技工程中心（High Tech Engineering Center）首席执行官
亚历山大·卡布里洛

本书是一位全球创业者与天使投资人从零开始，一路发展创业的真实人生写照，值得每一个人阅读、学习与借鉴。

——Invicta Angels协会主席、
葡萄牙商业天使联合协会副主席
里卡多·鲁兹

不论你身处何地，只要你梦想成为企业总裁或当代最伟大企业家，那么本书就是你的不二之选。

——奥地利商业天使投资协会联合创始人兼首席执行官、
《网络头脑风暴》作者、
《龙穴之龙》电视节目明星
塞尔玛·普罗达诺维奇

所有创业者与天使投资人都应一读本书!

——Lagoon Capital公司创始人兼首席执行官、欧洲商业天使网络副主席
阿里·科尔霍宁

全球创业者衡量成功的重要基准。

——REOF Capital公司常务董事、

2013年波多黎各40岁以下最优秀人才称号获得者

安东尼奥·索萨–帕斯卡

拜巴尔的故事告诉我们，创业梦想虽然美好，但人生道路却可能布满荆棘。

——Europe Unlimited公司创始人兼首席执行官

威廉·史蒂文斯

本书阐述了拜巴尔一路成为杰出企业家的真实故事。

——SuperFounders主席、Balkan Unlimited公司首席执行官

亚历山大·塔塞夫

我们来自不同的国家，一同参加《龙穴之龙》节目，他的表现十分出色！

——天使投资人、《创业精神》作者、《龙穴之龙》电视节目明星

马里乌斯·吉亚纳

犹如冒险故事般令读者爱不释手，强力推荐！

——Xevin Investments公司创始人兼首席执行官、

《龙穴之龙》电视节目明星

马雷克·鲁谢茨基

阅读本书使人意识到，拥有信念与毅力，一切皆有可能。

——哥本哈根商业天使网络主席丹麦创业投资协会副主席、

CataCap Private Equity董事长、Bang & Olufsen A/S董事会成员

耶斯佩尔·扎贝克

本书令人开怀，发人深省，但最重要的意义在于，通过拜巴尔的真实生活经历，让更多出身于农村的年轻创业者们勇于追求梦想。

——爱沙尼亚商业天使网络主席

伊瓦尔·斯马尔

从低微的出身背景，到现今身处白宫受到总统接见，一路走来真可谓之传奇。

——芬兰商业天使网络主席、《龙穴之龙》电视节目明星

里克·阿西凯宁

多希望我16岁那年开始创业时，便曾阅读这本书。

——《中东商业新闻与杂志》创始人兼总编辑、

中东与北非地区最佳女性创业者称号获得者

阿迈勒·达拉格梅赫·马斯里

本书内容十分精彩，我希望所有想投身创业的学生、未来企业家、创业者与投资者们都能认真一读，感受创业所需的鼓励与激励，而对于当代创业者来说，创业还可促进社会与经济福利的变革。

——葡萄牙商业天使联合协会主席、世界天使投资联盟联合创始人

兼董事会成员、里斯本理工大学MBA创业学教授

弗朗西斯科·本哈

全球创业与天使投资的伟大推动者。

——巴林商业天使组织创始人兼首席执行官

哈桑·海德尔

这是杰出企业家的精彩创业史，如你希望了解真实的创业之路，那你一定不能错过这本书。

——西班牙IESE商学院创业学教授、西班牙商业天使网络联合会主席

胡安·鲁尔

欧洲商业天使投资领域的关键人物亲笔撰写传奇创业历程。

——瑞典商业天使网络、Connect公司经理

珍妮特·安德森

阿尔屯塔斯的故事就是最佳例证，他在土耳其掀起全国范围的强大创业潮流，当前丝毫没有减缓的趋势。

——圣心大学创业学兼职教授、卢森堡小额信贷与发展基金副董事长

海达·保尔森–穆勒

他的成功来源于毅力与信念，这与我离开故乡瑞典，前往美国学习与创业的经历深有共鸣。

——LDJ Capital公司董事长，《福布斯》杂志、Entrepreneur.com网站及《赫芬顿邮报》专栏作者，《麻辣众筹》作者

戴维·德雷克

推荐序

RECOMMENDED LANGUAGE

创业远不仅仅是一条职业途径或一份商业工作，它是人类活动可能性的最终表现。

从创业伊始直至后续规模发展，创业者始终在精神上受到考验。创业之旅从诞生新想法开始，在创造价值的过程中，受到热情的驱使，不断向前发展进步。

在蜿蜒的创业路上，对自身想法抱有热情将有助于创业者应对各种障碍。保持满腔热情将使创业者坚定自身信念，即使多数人已中途退出，也不轻言放弃。也许产品、服务或商业模式可能历经反复发展变革，但因创业是一场马拉松赛，而非百米冲刺，持久的热情也将支持创业者坚持至终点。

拜巴尔·阿尔屯塔斯选择的创业之途艰辛而漫长，但他努力坚持，因此最终获得成功。拜巴尔希望在其界定的企业范围内实现全球的高效协作，坚持应对创业途中出现的财务与个人挑战。回首过去，许多人也曾发现拜巴尔在土耳其遇见的创业机遇。但仅有拜巴尔更为在意这一机会与设想，最终将设想转化为行动，在过程中吸取经验教训，并在实践中不断推动其发展。伟大的设想本身不会引起企业的变革与突破。拜巴尔的故事说明，创业公司的成功或失败在很大程度上归因于创业者本身，及其在企业发展过程中历经重复挑战时的信念与毅力。

如果深入阅读这一个人叙述，你将会注意到，拜巴尔的成功仅仅是一种表面现象，其背后所蕴含的深刻意义值得引起潜在创业者的重视，本书将对此进行探讨。

拜巴尔在事业上所获得的成功并不能充分解释创业者对他的追捧。读者也可注意到，正是拜巴尔在欧洲创业生态系统中发挥的强大作用，使其对自身未来的发展更具控制感。在创业过程中，拜巴尔逐渐深入了解自身的能力、思维与眼界，而所述控制感正源自于此。在阅读过程中，本书也将唤醒读者的这一控制感。

拜巴尔成功创业后，其所带来的积极影响并不仅局限于其个人，不论是土耳其抑或是其他国家，创业环境都因拜巴尔的榜样形象而受到激励。对于任何创业生态系统来说，创业者基于自身经历提出的建议是其最宝贵的财富。在阅读本书的过程中，读者应注意到，随着各国政府逐步推行创业友好型政策，当前趋势将使创业企业之间出现较大的发展差异。

拜巴尔撰写本书的目的在于提升公众的创业意识，在创业社群发展方面实现自身经历的价值最大化。从实际创业者的角度，真实阐述自身以辛勤工作、充沛热情与奉献精神应对所有困难障碍，为读者提供了真实直观的创业指南。

在创业的各个阶段，拜巴尔等创业家有意识地做出选择，放弃所谓稳定性，寻求学习与发展的机会。在商业周期内，重要的是创业者应了解如何在各类选择之间进行权衡。

在阅读后续创业意见与建议时，我希望读者能够诚实面对风险与不确定性，在身边发现更多创业者将环境转变为技术方法，获取创业成功的实例。举例来说，创业初期通过财务独立方式获得成功，被公认为是全球众多初创企业的有利优势。

更重要的是，不论是否决定创业，我都希望读者保持开放的态度，采纳本书所介绍的创业心态。这正是创业精神的美感所在，是适用于所有经济参与者（企业主或员工人才）的思维与世界观。

在个人层面，创业是一项终身事业，渗透生活的方方面面，无不展现着个人实力。由于生活态度的不同，某些人只能发现问题，但另一些人却能从中找到机遇。创业精神有助于挖掘个人天赋，将其应用于经济与社会项目之中，由此创造价值，产生就业岗位、创新成果与财富。

乔纳森·奥尔特[1]

[1] 乔纳森·奥尔特曼是一位企业家与经济学家，曾担任全球创业周主席及考夫曼基金会高级研究员。

译者序

TRANSLATOR ORDER

2015年11月，全球天使投资论坛在北京召开，邀请了海外二十多位天使大佬。其中，本书的作者拜巴尔·阿尔屯塔斯先生也受邀出席。在论坛前的那个晚上，我见到了他。拜巴尔先生很友善，并且赠送了他的创业自传给我，还向我咨询在中国出版书籍的一些事，尤其是他很自信地告诉我这是一本好书。或许是当时来的大佬太多，以至于我并没有特别关注这位来自欧洲的客人，也没有及时翻阅这本书。

在随后的几天，这位幽默风趣、举止活跃的投资人越来越引起我的注意。会议结束的第二天，我翻看了这本英文版图书，想要更多了解他，尤其是被书中“他一家四口”及“他与美国总统奥巴马握手”的两张照片所吸引，这是一个励志传奇的创业故事，也是一个有情有趣的天使投资家。在送他去机场的途中，我们又聊了很长一段时间，关于来北京的感受、欧洲的天使投资，还有他的书，就像是一种缘分，我们很愉快地达成了翻译和出版中文书的合作意向。

我们都知道，天使投资人的身份有很多种，很经典的一类就是

“创而优则投”。那些创业成功的企业家，有一些人是有情怀的，他们愿意帮助其他创业者，尤其是年轻的创业群体，不仅仅为创业者提供资金，还用自己的创业经验和人脉资源去支持创业者，他们是创业者心中真正的“天使”。 而本书的作者拜巴尔先生就是其中一位。

这本书不仅讲述了一个白手起家的创业故事，还告诉了我们如何从一个企业家向天使投资人华丽转身。无论是从投资人的身份理解创业，还是从创业者的视角看待投资，作者都有独到的见解和深刻的洞见，我相信能够给读者带来新鲜的知识和愉悦的感受。

感谢本书作者拜巴尔·阿尔屯塔斯先生对我的信任。由衷地感谢我的翻译伙伴代瑞红博士所作出的贡献，她是一位温暖而知性的天使投资人，一直用自己的心血和智慧帮助创业者成长。感谢国家自然科学基金资助项目“天使投资行为特征、组织架构与公共政策研究”（71303224）和首都经济贸易大学2016年度科研基金项目“天使投资的组织化问题研究”等课题的支持。特别感谢中国发展出版社编辑团队的帮助。

我们尽量保证专业内容的准确性和完整性，但难免还存在一些语言表达的失误和不足之处，敬请各位专家、读者不吝指正。

王佳妮

2016年8月于中国北京

自序

PREFACE

多年来，全球数千名大学生曾参与我所举办的讲座，我也因此了解到，几乎所有大学生都错误地认为，若想成功实现创业目标，那么就必须借助某一身居要职的家人或朋友的帮助，这位家人或朋友也许拥有广泛的人脉关系，或是十分富有，总之能为其创业发展提供助力。

这一情况最终促使我提笔写下这本书。

我并无任何家人、朋友身居要职，他们无法为我施加影响，亦无家产或人脉可供我发展利用。

我的父母仅是普通的教师与退休军官，我的名下没有任何财产，即使是在我最具野心的幻想中，我也未曾想过亲手建立土耳其特许经营百强之一的企业。当然，我更不曾想过在创业者的乐土——美国，受到奥巴马总统的接见，在白宫与其畅谈创业问题，而土耳其总理——全球第十六大经济体的领导者，则请我亲自向奥巴马总统转交一封书信。除此之外，有朝一日登上CNN国际频道的报道画面，就奥巴马总统倡导的华盛顿创业峰会作出评论；或是在全球最知名电视节目《龙穴之龙》（即美国《创智赢家》）中，与来自22个国家的110名参与者一同创业，这些对于过去的我而言，实是无法想象。然而，所有这一切却真实发生在我的身上。

若你曾在梦中见过这般场景，你相信它们会成为现实吗？

当时的我一无人脉，二无财产，更无家人、朋友可为我提供助力。

我本可安于现状，抱着破罐破摔的态度一直生活下去。

但我没有。

我由衷的相信，只要敢于梦想，不轻言放弃，这个美丽的世界将让所有人的梦想变为现实。

在撰写这本书时，我希望无论是七岁的孩童，还是七十岁的老人，所有人都能随着我的视角，来观察这个世界，发现我所发现的一切。而我也在书中以真实、客观的方式介绍自己实现目标的方式与方法，希望让读者相信，我们在很多方面并没有什么不同。

既然我那时候可以成功，那么你也同样可以，而且可能比我更轻松，做得更好。本书讲述了我本人在短期内实现众多理想的故事，一方面讲的是我个人的人生经历，另一方面也是我向创业者们提出的必要的建议，帮助读者成功创业，建立属于自己的企业。我希望这些建议能够成为读者创业之路上的一盏灯，引领创业者们最终获得成功。

我相信，一旦你打开这本书，你就舍不得停下来。

我把此书作为献给全球创业者的礼物，希望它能帮助你们激发和释放自己内心的“拜巴尔·阿尔屯塔斯”。

鸣谢
ACKNOWLEDGEMENT

特此感谢布尔钦·奥沙利文、埃里克·布劳恩与佩吉·阿布泰金为英文版译著所作出的贡献；比罗尔·纳迪尔、大卫·博克斯、尼基尔·阿加瓦尔与西恩·奥沙利文就本书终稿提供的宝贵意见；以及埃尔坦·塞维姆为本书网站制作提供的支持与帮助。

目录

CONTENTS

第一部分

一个聪明的创业想法
成就我通往白宫的道路

一、受邀参加总统创业峰会

我实在太兴奋了！我应该身着T恤还是其他正式服装？最终，我决定身穿T恤赴会。华盛顿时间下午2:30，土耳其时间晚间9:30，我出现在CNN国际频道最受欢迎节目之一《奎斯特看经济》的直播现场。由于我对中东创业研究所的设想尚处起步阶段，因此在CNN国际频道接受采访时，主要就奥巴马总统倡导发起的创业峰会进行评论。土耳其驻华盛顿大使馆也为此次活动欢欣鼓舞。

我的传奇之路巅峰的开启，始于我在阿达纳接到的一个电话。

我作为150位创业者之一，受到奥巴马总统邀请，参加2010年4月26～27日在华盛顿特区举办的总统创业峰会。我住的酒店看起来像一个国际外交中心，几乎所有的嘉宾都是各国大使、总领事或外交使节。

从酒店前往CNN的路上，我在想，“我的创业之路已经走了这么远！美国总统正在举办一个非同寻常的盛大的创业峰会，可以被选中受邀参加峰会，这无疑是对我是全球最具影响力创业者之一的身份的认可”。我成长在这样一个家庭，在我的家里，谈论金钱相关的话题甚至被认为是不合适的，但在这里，我却受到奥巴马总统的邀请，去白宫讨论创业。

受邀前往华盛顿

所有的一切，都开始于阿达纳的一个雨天里我接到的一个电话。

作为土耳其最著名城市之一，阿达纳位于地中海沿岸附近，农业生产较为发达。我所经营的职业培训公司Deulcom当时在阿达纳新设分公司，而我正是在该处参观时接到这个电话。那时正值1月上旬，窗外狂风暴雨不止。

我却颇为喜欢这种天气，因为这时的人们更倾向于待在室内，专心于办公工作。电话铃响时，我正端着咖啡望着窗外的瓢泼大雨。

“您好，这里是美国驻阿达纳领事馆，请问是拜巴尔·阿尔屯塔斯先生吗？”

“是的，请讲。”

“阿尔屯塔斯先生，我开门见山，不占用您过多时间。奥巴马总统希望邀请您前往白宫参加创业峰会，美国驻安卡拉大使馆要求我向您发出邀请通知。请告知您的电子邮件地址，我将以邮件形式将邀请函发送至您的电子邮箱。我们还有许多细节有待探讨，请在收到邮件后尽快与我联系。”

一开始，我感到有些困惑。奥巴马总统正邀请我前往华盛顿的某处参会？更重要的是，为何奥巴马总统选择邀请我参会？美国政府将与我商讨何种话题？不到半个小时，我的电子邮箱便收到了美国大使詹姆斯·富兰克林·杰弗里之代办发出的奥巴马总统邀请函。窗外，大雨已持续近一个小时，我感到这个时刻即将开启未来的很多重要事情。

领事馆的蕾拉·万斯代办再次致电，“阿尔屯塔斯先生，您好！您是否已收到电子邮件”？

“谢谢您，我已收到邮件。我正想和您探讨这件事，我们明天上午在Ziyapasa街的星巴克见面如何？”

“非常好！我会在9:30到达，明天见，阿尔屯塔斯先生。”

700位候选人中脱颖而出

轻啜了一小口咖啡，我立刻进入了主题。

“这个邀请是怎么一回事？这场峰会的主题是什么？”

“阿尔屯塔斯先生，这场峰会特别重要，是由白宫组织的！每一位受邀者都是经过严格筛选，我相信您是从700位来自土耳其被提名者中脱颖而出的。祝贺您！这意味着您被白宫认可为全球最具影响力的创业者之一！”

奥巴马总统2009年在开罗大学一次公开演讲中提出，“21世纪是一个创业的世纪”。他在演讲中说：“我将在今年主办一个创业峰会，标志着我们在加强美国与穆斯林社会中商业领袖、基金会和社会创业者之间的合作联系。”华盛顿特区的总统创业峰会由奥巴马总统本人组织举办，这定将成为创业领域内的一大盛事。

“所剩时间并不充裕。”万斯小姐说，她建议我立即着手相关准备工作。

“请问我的提名者是谁？”

“阿尔屯塔斯先生，所有美国驻外国大使都会收到白宫来信，要求他们提名候选人名单，信中称最终参会名单将由白宫确定。我认为白宫收到的名单中约有700位来自土耳其的候选人。”

我以前没有听过奥巴马总统在开罗大学的演讲，回到办公室后，我立即上网搜索。我发现演讲题目非常有趣——“一个全新的开始”。

美国大使造访

2010年2月9日，阿达纳商会专为我本人举办了一场招待会。我惊奇的发现，全城政要都来参加了这次活动。接待区基本座无虚席，我在后排寻到一处座位坐下，开始观察会场中的情况。

随后不久，警察与安保人员进入室内，同时也在突然之间，人群分散开来，美国大使詹姆斯·杰弗里及其夫人从中进入会场。当时的场面甚是壮观。

为参加这场招待会，杰弗里大使特意从安卡拉赶来，在他40分钟的土耳其语演讲中，杰弗里大使对我表示赞扬，并强调了创业对世界和平的重要性。该我演讲的时候，我介绍了我对中东创业研究所的设想，这一研究所的创设不仅将造福于土耳其，还有助于促进中东地区的和平发展。除此之外，我还对杰弗里大使提出了一个意外之请。

“大使先生，如果我能有机会在白宫与奥巴马总统对话，您将看到中东地区由此而产生的一系列巨大变化。”我的话引起全场哗然大笑。

第二天，我的这段话就作为“今日笑话”，出现在各大报纸头条版面。但在招待会现场，只有两个人并未因我的这番话而发笑：一个是我，另一个是杰弗里大使。

二、通过人脉网络与总理办公室取得联系

我曾在数年前的一场创业活动中与马尼萨市长相遇。

马尼萨是个有趣的城市。在奥斯曼帝国时代，马尼萨曾是未来苏丹接受教育培训的所在。此外在公元前16世纪，吕底亚的克里萨斯国王曾在此推广使用硬币，马尼萨也因此成为世界首个使用硬币的城市。

比伦特·卡尔市长在马尼萨出生长大，始终对故乡的土地饱含深情。我初次与其相见时，他已从市长职位上卸任，回归法律事业。与比伦特·卡尔的交谈总是令人感到愉快，因此每当前往马尼萨时，我总不忘前去拜访他。

我们经常前往一处餐馆就餐，品尝两人喜爱的当地美食，在某次就餐前，我曾询问这位前市长是否认识宗教事务主管。“我希望能与这位主管探讨我心中的一个疑问，您可否帮我引见一下？”

“阿尔屯塔斯先生，您想与宗教事务主管探讨些什么呢？”卡尔先生问道。

他问的对，我能与宗教事务主管探讨些什么呢？我曾于伊斯坦

布尔就读海峡大学，这是一所著名的世俗学校，我全身上下并无任何外在物品或行为与宗教信仰相关。所以，像我这样的人提出这般要求确实十分奇怪。

“这有些难以解释，”我回答称，“我更希望在与他会面时谈论这个问题，我只能说，您绝对无法想象我们的谈话主题。”

“好吧，”卡尔先生说道，“在我的市长任期内，我曾经在马尼萨与他见过一次面。他的办公室主任也来自马尼萨。我会给他打个电话，看看能否安排你们见面。”

卡尔先生致电宗教事务主管的办公室主任后，对方立即查看行程表后回复称，“主管本周行程已满，但下周一上午10:00仍留有空闲时间。”我欣然接受这一约谈时间，同时也对卡尔先生在首都的影响力留下了深刻的印象。

“卡尔先生，如果您能与我同行那真是再好不过，那会给我们一个迎头赶上的机会。”

“有何不可呢，这对我来说是次难得的改变。”

随后我们便约定下周一在安卡拉首都机场见面。

未来救世主

电话铃响起，我接起电话，电话那头是著名报纸《土耳其新闻报》（Haberturk）的总编辑。

“阿尔屯塔斯先生，您好。我们听闻您已受邀参加奥巴马总统于白宫举办的创业峰会，我们希望在您出发前往华盛顿前可以接受我报的采访，我们的一位记者随后将与您联系安排时间，祝您一路顺利！”

在接下来的星期天，我在伊斯坦布尔接受了该报记者的采访。我们就创业峰会对全球创业者的重要性，以及我所提出的中东创业研究所设想进行探讨，那是一次非常深入的访谈。最后他们为我拍了专业的照片，结束了采访。于我而言，这是一个愉快的周日。

第二天即为2010年3月1日，我所在的航班准时抵达安卡拉，按照计划顺利与卡尔先生在安卡拉机场会面。我在街边购买了一份《土耳其新闻报》，随后与卡尔先生一同乘坐出租车前往宗教事务办事处。翻开报纸，赫然出现一整版篇幅的访谈报道，更配有我本人的大型照片！标题为：“150名未来救世主之一。”

我几乎不敢相信自己的眼睛。我昨日刚完成访谈，今日报道便已推出，更难得的是，3月1日还是《土耳其新闻报》的创刊周年纪念日，报社通过免费发放的方式进行庆祝，报纸发行量预计是平常的两倍之多。即使我曾制订相应的宣传计划，也不会有比今日更好的宣传时机。

办公室主任在门口迎接我们的到来，“卡尔先生，很高兴在这见到您”，随后便向宗教事务主管通报我们的到访。“先生，马尼萨市长和‘救世主’拜巴尔·阿尔屯塔斯先生前来拜访”，说着还伸手向报纸一指。

宗教事务主管彬彬有礼地接待了我们。在他的办公桌上摆着一份今天的《土耳其新闻报》，翻开的那页正是与我相关的访谈报道。“给我说说奥巴马的创业峰会吧”，主管说道。

我原先计划与宗教事务主管探讨截然不同的话题，但现在看来谈话方向却围绕奥巴马总统的创业峰会展开。这位主管还希望向我引见他的儿子，因其从小就立志成为一名创业者。这是一次亲切友好的会谈，一个半小时后谈话结束，互道祝福后，我与卡尔先生便将踏上回程。看起来我与宗教事务主管会面的目的，仅仅是在我动身前往美国前，接受他的诚挚祝福。

办公室主任对卡尔先生说道：“卡尔先生，您太长时间没来安卡拉，可能并不了解情况，但这里有许多来自马尼萨的官员，既然您已身在安卡拉，我可为你约见其中一些官员，我相信他们都很希望能与您和阿尔屯塔斯先生会面交谈。”

卡尔先生答道：“我们的任务已经完成，今天确实有些空闲时间。如果您可做些安排，我们很乐意逐一拜访，让他们与‘救世主’见上一面。”

计划之外的安卡拉政界之旅

上午11:30，我们离开宗教事务办事处。下一行程是前往拜访劳动部部长的办公厅主任穆罕默德·卡萨颇古拉。从办公室外的人员活动就可以看出，这是一个位高权重的人。进入办公室时，我留意到他办公桌上也摆放着当天的《土耳其新闻报》，翻开的那页正是关于我的“救世主”访谈。当然，谈话的方向又将围绕我的华盛顿之行展开。

穆罕默德·卡萨颇古拉是一个充满活力的年轻人，从马尔马拉大学毕业后，又在美国继续深造，攻读工商管理硕士学位。“阿尔屯塔斯先生，恭喜你成功创业，”卡萨颇古拉说道，“我还是一名大学生时，我也曾为同学们创办过创业俱乐部，现任劳动部部长曾是我的大学教授，也是创业俱乐部的顾问。创业对增加就业是很重要的。埃尔多安总理知道您即将前往白宫的事情吗？”

我确信，埃尔多安总理正在就新宪法问题与议会进行深入商谈，一定没有过多留心这一消息。

卡萨颇古拉回答称：“阿尔屯塔斯先生，这件事情的意义重大，在您启程美国参会前，我认为您很有必要先行与总理会面。”

当天，我与卡尔先生一同拜访了众多官员，几乎每一位官员的书桌上都摆放着那份《土耳其新闻报》。通常情况下，预约拜访这么多高官需要数周的等待时间，但在卡尔市长的帮助下，仅仅一天便完成了所有会面。这一经历令我更坚定了自己的处事原则，即远离政治，但拉近与官员们的距离！

在当日会谈中，我反复强调中东创业研究所对中东地区和平进程的潜在影响，同时还就土耳其举办下一届创业峰会的优势表达了自己的观点。我与官员们谈及中东地区的未来问题，主要希望借此引起他们的重视，但这一系列会谈所产生的连锁效应却令我始料未及。

当天晚些时候，卡尔先生的电话响起，宗教事务办公厅主任来电，邀请我们共进晚餐。我们在安卡拉最著名的卡博串餐厅预订了一桌座位，来自马尼萨的一位议会议员也加入了我们的聚餐行列。饭桌话题毫无疑问与我的华盛顿之行相关。

到了晚上，穆罕默德·卡萨颇古拉打来电话。

“阿尔屯塔斯先生，我们必须马上见一面。”

一个半小时后，卡萨颇古拉也来到了餐厅。在席间交谈中，我们发现彼此都曾在伊斯坦布尔的同一个社区长大。他向我询问了众多问题，包括中东创业研究所的设想、华盛顿总统峰会情况，以及我个人的创业经历。在白天的交谈中，卡萨颇古拉已经询问过这些问题，但这次却有些不同，因为他在询问的同时不断做着记录。

总理约见

我于第二天返回伊斯坦布尔后，终于了解到为何穆罕默德·卡萨颇古拉如此急于见我。

“阿尔屯塔斯先生，您是否已经返回伊斯坦布尔？”

“是的。”

“您可否明日再次前来安卡拉？”

“当然可以，但所为何事呢？”

“与您的白宫之行有关，我们将带您前去拜访总理。”

第二天下午5:00，我生平第一次有幸前往总理办公室。卡萨颇古拉与我在安保岗亭会面，我们随后进入办公楼，默默穿过大厅来到设有“总理顾问”标志的门前。穆斯塔法·瓦兰克顾问是一个受过良好教育的年轻人，曾在美国攻读硕士学位，随后我还了解到，瓦兰克也与我在伊斯坦布尔的同一个社区长大。事实上，他的兄长曾与我就读同一所高中。《土耳其新闻报》的周年特刊就摆放在他的书桌上。

“阿尔屯塔斯先生，卡萨颇古拉先生曾向我们介绍过您的华盛顿之行，以及您对中东创业研究所的设想。”瓦兰克顾问开口道，“您需要向总理先生阐述这些观点，此外，我们也十分赞成您关于土耳其举办下一届创业峰会的意见，宜请总理先生写下一封书信，表达土耳其举办下一届创业峰会的意向。”

我不由问自己，这一切究竟是如何发生的。很显然，我将与总理先生直接探讨这些问题。创设中东创业研究所，在土耳其举办下一届创业峰会将有助于推动中东地区的金融基础设施发展，增加就业岗位，促进地区繁荣进步，但更重要的是，中东地区的紧张局势与暴力冲突将很有可能因此得到缓解。

“顺便提一句，在您拜访总理前，请就中东创业研究所的设想稍作说明准备。”

“这是当然的，瓦兰克先生。”

卡萨颇古拉先生建议我尽快行动，因为他们尚无法确定总理接见我的具体时间，我必须保证手机24小时畅通，做好准备，等待通知。

第二天早晨，我首先拜访了土耳其开发银行首席执行官，上周我与卡尔先生在安卡拉时，便已与这位首席执行官见过一面。我首先感谢对方的热情接待，随后提出双方可开展合作，尽快拟定中东创业研究所的具体介绍内容。首席执行官随即与我成立一个工作组，我们忙碌至深夜才完成相关准备工作。其间甚至还向美国大使馆发去了副本，就本项目的严肃性进行沟通交流。

身处大议会厅

2010年4月21日星期三，我的电话铃声终于响起。

“阿尔屯塔斯先生，我是穆罕默德·卡萨颇古拉，您需要在今天傍晚前抵达安卡拉。”

消息很确切，我将在今天受到总理的接见。我随即登上了下一班飞往安卡拉的航班，直奔穆罕默德·卡萨颇古拉的办公室。随后我们一同出发前往大国民议会，大约晚上11:00左右抵达议会大厅。很罕见的是，当时议会议员全部在场，正在就新宪法草案进行深入商谈。

在大议会厅中，置身于众位部长与议员之间，令我有种身在电影场景的错觉。卡萨颇古拉先生一路引领我来到了总理办公厅，在那里，我与穆斯塔法·瓦兰克顾问一同拜会了总理办公厅主任哈桑·多甘。“欢迎，请让我来为您引见多甘先生”，瓦兰克先生说道。

总理办公厅中的所有办公人员几乎都是年轻人，他们充满活力、受过良好教育，且英文口语流利，而最值得一提的是，他们的态度都十分谦和。

我与多甘先生、卡萨颇古拉先生在会议室中等待一段时间后，瓦兰克先生告诉我们称埃尔多安总理即将离开大议会厅。“阿尔屯塔斯先生，我们下楼如何？”

穆斯塔法·瓦兰克带我来到大议会厅时，已是凌晨2:15。“总理即将接见您，请别忘记提起亲笔书信的问题。”

当总理走出大厅时，他的身后跟随着三百名议会议员，其中一人来自阿达纳。总理与我相对而立时，这位来自阿达纳的议员说：“总理先生，请允许我向您介绍阿尔屯塔斯先生，他受到美国总统奥巴马先生的邀请，即将前往华盛顿参加创业峰会，而全球仅有100位受邀者。”

总理在与我握手时，出口纠正道：“是100位，还是150位？”很明显，总理十分熟悉那篇访谈报道，即使是在凌晨两点钟，他仍未记错任何细节。

“是150位，”我接话道，“总理先生，您可否亲笔手书一封书信，表达土耳其承办下一届创业峰会的意愿，我将亲自向奥巴马总统递交这封书信。我们可不能将机会让给埃及或印度尼西亚等国。”

“确实如此，我们应立即动笔”，总理在离开前还预祝我成功。

宪法审核工作直至凌晨3:30方才结束。当总理离开大议会厅时，还向我挥手致意。当时所有人的目光都落在我的身上，这令我多少觉得有些脸红。总理显然对这一创业峰会提议十分满意。

向奥巴马总统递交埃尔多安总理的亲笔信

次日傍晚，我接到穆斯塔法·瓦兰克的来电，“阿尔屯塔斯先生，请立刻前往总理官邸，总理亲笔信需要由您向奥巴马总统代为转交”。

次日，我与卡萨颇古拉先生一同前往总理官邸，穆斯塔法·瓦兰克先生则在门口迎接我们。他递给我一个已经封好的信封，其中装有雷杰普·塔伊普·埃尔多安总理写给巴拉克·奥巴马总统的亲笔信。

“总理在信中对您亦有所提及，所以我们也将交予您一份副本，希望您此行一切顺利。”

三、与奥巴马总统会面

我最初想拜访宗教事务主管主要是由于某一问题的困扰，这一问题在我心中的分量甚至远超此次华盛顿之行，但却无人倾听我的心声。但出人意料的是，我随后有幸与埃尔多安总理面对面交流，更被任命为总理的“创业信使”。比起我的最初目标，相信上帝已经为我制定了一个更为宏伟的计划。这真是验证了一句老话——上帝为你关上了一扇门，必然为你打开了一扇窗。有没有可能是，上帝喜欢我最初拜访宗教事务主管的初始原因，因此奖励我呢?

2010年4月24日，我与妻子拉基比一同动身前往华盛顿。我的公文包中装有土耳其总理写给美国总统的亲笔信，因此在等待登机的过程中，我的注意力都放在公文包上，目光片刻不离。如果这封信发生什么意外，将是土耳其创业领域的一大灾难，我也将因此处于极大的难堪境地。

埃尔多安总理的意思十分明确：虽然他可通过官方渠道向奥巴马总统递交这封亲笔信，但他却选择了我——一位创业者作为信使。总理借助这一方式表达了他对土耳其创业者的信任，更向外界展现出创业者在外交场合发挥的重要作用。

这一微妙的信息深深扎根于我的脑海，我告诉自己：如果我连一封信也无法保护，那么成为“150名救世主”中的一员又有什么意义呢？不论走到哪里，我始终随身携带公文包，从不让其离开我的视线。

我们于周六晚间飞抵华盛顿，随后直奔酒店。当我终于躺在床上时，我立即进入了梦乡。

第二天享用早餐时，我的太太提出了一个非常重要的问题：“你打算如何将这封信交到奥巴马总统的手中？”

在那之前，我还没从逻辑层面上考虑过如何亲手将这封信交到奥巴马总统的手中。的确，那时的我应该如何向奥巴马总统递交书信呢？难道我应该直接走向白宫，从正门下塞入这封信吗？也许我可以按响门铃，说声“我来了”。与众多地中海国家一样，土耳其人有着不紧不慢的性格，我本人就是最生动的证明。

峰会将于明日上午10:00召开，奥巴马总统预计于傍晚6:00发表演说，这意味着我需要在此之前将亲笔信交到奥巴马总统的手中。但我应该怎样做呢？

紧急约见奥巴马总统

我立即致电安卡拉的几位官员，但无人接听电话。在等了将近两个小时后，穆罕默德·卡萨颇古拉终于回电，我大致介绍了当前情况，询问他的意见。卡萨颇古拉回复称，“我一会回您电话”，在随后的电话中，他给了我位于华盛顿的土耳其驻美大使电话，告诉我接下来的事情只能由我自己解决。随后，卡萨颇古拉挂断了电话。

这位土耳其驻美大使近期才从安卡拉返回华盛顿，我们曾在安卡拉有过一面之缘。他是一位真正的绅士与外交官，曾经就创业峰会表现出极大的兴趣。我随即拨通了这位驻美大使的电话。

“您好，大使先生，我是拜巴尔·阿尔屯塔斯。我现在需要您的帮助，我们可以谈谈吗？”

“阿尔屯塔斯先生！欢迎来到华盛顿，乐意为您效劳。”

我向大使先生介绍了当前情况，以及所面临的时间限制。我需要在明日的总统演讲前见到奥巴马总统，亲自向其递交总理书信。大使先生告诉我，他的秘书稍后会与我联系。

我随后果然接到了大使秘书的来电，我再次向其说明了当前情况。此刻已是下午3:00，对于即将到来的难题，我仍是束手无策，我开始感到一丝焦虑。我感觉对方并不相信埃尔多安总理真的把这样一封信托付于我。而当我在电话中向其诵读信中内容时，对方才开始意识到情况的严重性。

“安卡拉的哪位人士可为这封信作证？”，大使秘书问道，“阿尔屯塔斯先生，您最好将这封信交给我们，因为在明天前约见奥巴马总统几乎完全不可能。约见奥巴马总统至少需要几个月的时间，这封信应该通过大使馆对外宣布。”

因为这个问题我们产生了激烈的争执，而我最终失去了耐心。“我不会将这封信交给你们的！与其如此，我宁愿带回这封信，并将其交还总理先生。我不关心你们外交人员所谓的‘信件宣布’手续，我希望你们能够抓紧时间，尽快向白宫申请约见奥巴马总统。”

我挂断了电话，随后给对方传真发去了一份信件副本。我理解他，他仅仅想循规蹈矩，但这样毫无解决问题的可能。我明白现在申请约见奥巴马总统几乎完全不可能，但即使是最后一搏，也值得一试。

作为一个创业者，不到最后时刻绝不放弃希望。只要心怀希望，一切皆有可能，但若失去希望，则一切皆无可能。这也是为什么坚持不懈的毅力，以及鼓舞激励他人的能力对于创业者而言如此重要。

当天傍晚，我再次打电话给大使秘书。“我真的不想再次打扰您，但我需要向您分享我的一个发现。如果来自62个国家的参会创业者都持有他们国家总理的亲笔信，希望交予奥巴马总统，那么我与奥巴马总统会面的机会基本为零。但如果我是唯一一个持有总理亲笔信的创业者，情况将完全不同。若情况正是如此，奥巴马总统一定特别感谢埃尔多安总理的提议，更有可能支持土耳其举办下一届创业峰会。”

“阿尔屯塔斯先生，让我们等等看吧。”

之后，我下楼来到酒店大堂的星巴克，开始思考我现在的处境。这是我第一次来到华盛顿，我在这里没有任何朋友或是人脉关系，但我却需要在24小时内约见奥巴马总统。然而现在，决定权已不在我的手中，我所能做的只有等待。喝完咖啡，我起身上楼睡觉。

约定于罗纳德·里根大厦会面

次日上午峰会开幕时，150位来自62个国家的创业者代表齐聚一堂。峰会议程紧凑，演讲一个接一个。与我同桌相邻而坐的是诺贝尔和平奖获得者穆罕默德·尤努斯。这是一场汇聚全球最具影响力的创业者们的大会，与会者们的脸上洋溢着喜悦。

在午餐前，我接到了一个陌生号码来电。“阿尔屯塔斯先生，这里是白宫来电。”

“是的，我在听。”

“请于今日下午4:00前往罗纳德·里根大厦的会议室入口处等待，官方护卫将带您前去与奥巴马总统会面。”

我深吸一口气，告诉自己：“就这样！”

不到15分钟后，我又接到土耳其驻美国大使馆的来电。“阿尔屯塔斯先生，您很快将接到白宫人员的来电，我们谨向您告知，您与奥巴马总统的会面时间已定于下午5点整。”

下午4：00整，官方护卫抵达。我们快速通过白宫安保处，前往奥巴马总统即将发表演讲的会议厅。我手持埃尔多安总理亲笔信，独自一人在会议室中等待近1个小时后，官方护卫返回会议室。随后，我跟随官方人员用了15分钟抵达地下10层的总统办公室，在那里与总统摄影师、白宫安保主管，及其他官员一同等待奥巴马总统的到来。

奥巴马总统进入房间，带着一种有如大学生刚毕业时的青春活力。总统的温暖问候与幽默话语使气氛非常轻松。不知为何，当我站在总统身边时，我感觉自己好像长高了一些一样。奥巴马总统从我手中接过信件，交予他的一名助手，随后我们开始探讨在发展创业生态系统，打造更加健全的就业市场的同时，以创业发展应对全球经济危机的重要性。会面结束后，我跟随奥巴马总统进入会议厅，等待总统发表演讲。

接受CNN国际频道现场采访

奥巴马总统抵达会场时，现场早已聚集来自62个国家的150位创业者，以及近300家媒体代表在等待总统的到来。在演讲过程中，奥巴马总统向全世界宣告："今晚，我很高兴向大家宣布，埃尔多安总理已同意在土耳其主办下一届创业峰会，我在此感谢埃尔多安总理、土耳其人民与私人部门领导人的支持，感谢他们继续发扬本届峰会的精神，推动创业领域的发展。"会议厅中响起了经久不息的掌声，全世界媒体开始意识到为什么我会与奥巴马总统一同出现在会场，以及我手中信封消失不见的原因。

美国总统奥巴马接见拜巴尔·阿尔屯塔斯

随后，CNN国际频道邀请我参与其在总统创业峰会期间特别设置的报道节目，英国广播公司（BBC）也立刻与我取得联系，预约采访时间。彭博社华盛顿工作室则邀请我与白宫官员一同接受现场采访。作为全美高度知名的多媒体新闻机构，全国公共广播电台（NPR）邀请我参与一档30分钟的电视节目，就此次创业峰会发表自己的看法。总而言之，我成功向奥巴马总统递交总理书信后，这一行动背后的意义早已不是促成土耳其举办下一届创业峰会这么简单。

4月26日傍晚，世界的所有目光都聚焦于土耳其。土耳其已在美国总统创业峰会上给世界留下了深刻的印象。土耳其驻美大使在招待酒会上给予峰会所获得的成功评价时称，“土耳其通过这次峰会所达到的宣传效果至少价值1000万美元”。但土耳其为此付出的成本为零。

在埃尔多安总理及其优秀团队的帮助下，凭借总理的无比信任，我作为一个创业者，终于闯过所有困难与挑战，最终向奥巴马总统成功递交了总理书信。最终，土耳其成为此次峰会的最大赢家！

当我第一次踏足华盛顿这座城市时，便有幸在白宫受到奥巴马总统的接见，参加CNN国际频道与全国公共广播电台（NPR）的报道采访，获得土耳其大使馆的接待，而这一切仅仅发生在2天之内。峰会结束的那个夜晚，当我解开领带，换上便服时，我仿佛从肩上卸下了全世界的重担。

作为一名创业者，我对祖国的贡献十分明确。我可以毫无保留地说，这是我人生中最美好的两天。

第二部分

我的创业之旅

一、我的起点：创业的种子

如果你看见半满的杯子，那么你可以成为一名创业者，如果你看见半空的杯子，那么你将成为一名职员。

——拜巴尔·阿尔屯塔斯

我出生于1970年10月27日，随后不久便被送往埃迪尔内（我母亲的家乡）的外祖父母家中生活。埃迪尔内是一座非常有趣的城市，位于东色雷斯地区，属于保加利亚、希腊与土耳其三国的交界位置，也是全世界最重要的兵家必争之地。历史上，这片土地曾发生16场重大战役，15世纪曾是奥斯曼帝国的临时都城所在，直至1453年君士坦丁堡沦陷后，正式成为帝国的新首都。在西班牙宗教裁判所时期，西班牙国王于1492年下令驱逐境内所有犹太人，奥斯曼帝国苏丹派遣海军前往西班牙，护送犹太人安全抵达奥斯曼帝国。其中多数犹太难民后来定居于埃迪尔内。

在2岁之前，我与外祖父母生活在埃迪尔内，身边就有许多犹太邻居。我甚至模仿这些犹太邻居的语言，称呼我的外曾祖母为

“Momo”。当我的弟弟降生后，我便返回伊斯坦布尔与父母一同生活。在之后的生活中，由于家中无人创业或经商，我所表现出的商业头脑着实令一些人感到迷惑不解。

虽然年纪尚小，但我已十分善于理财，多数孩子往往会花掉特殊节日中大人们给的零花钱，但我却将它们一一存起。我的家人有时会戏称我为“小犹太人”。这一昵称并无贬低的含义，与之相反，这是家人对我理财能力的一种赞扬。大家可以发现，从奥斯曼帝国时代开始，土耳其犹太社区的居民便以精明的经商头脑赢得美誉。我的家人有时会说，“拜巴尔两岁前一直在犹太邻居的陪伴下成长，他就是从那里学习的理财能力”。

我的父亲出生于土耳其北部的吉雷松，这座城市毗邻黑海海岸，是土耳其绿化覆盖率最高的城市之一，全球75%的榛子皆出产于此，出口至世界各地。世界众多知名巧克力品牌的产品中均采用吉雷松榛子。此外，吉雷松还被誉为全球樱桃之都。早在罗马时代，吉雷松的樱桃便已首次出口欧洲。我在吉雷松拥有一个榛子农场，每年夏季前往农场度假已成为我的一大乐趣。

我的父亲是一位土耳其军官，家中共有七个兄弟姐妹，祖父母都是小学教师。我的母亲是一位教师，家中也有六个兄弟姐妹，我的外祖父曾是一位督学，因此我的母亲可以说是子承父业。家族中无人曾有经商经验，所以家人们都希望我继续从事教育事业。

我的小学、初中与高中均相距不远，所以在17岁以前，我的活动范围基本局限在家庭附近的3公里范围内。在小学生活的前五年里，我的母亲一直担任我的课业教师，因此在学校中，我总是小心翼翼地称呼她为“老师”，而不是“妈妈”。我的母亲是一位公认的优秀教师，校长总是安排她为最优秀的班级与学生授课。作为教师的孩子，大家总是期望我能成为同学们的榜样，在学校中的表现优于其他同学，在考试中获得更高的分数，最终进入高等学校学习，但实际情况却并未按照预期发展。我所在的班级共有60名学生，虽然我考试及格，但确是唯一一个挨骂的学生。其他同学回家后，可以向父母抱怨学校的生活，但我却没有这种机会，因为老师就是我的妈妈！我能做些什么呢？

每到周末与暑假，我们会前往吉尔吉斯柯伊，探望驻扎在当地军事基地的父亲。吉尔吉斯柯伊与伊斯坦布尔相距两个小时的车程。在那里，我的大部分时间用于拼接乐高积木，或在公园荡秋千。当时的驻地周围几乎荒无人烟，每当冬季的寒风吹过空旷的原野时，呜咽之声不绝于耳，总是令我感到害怕。直到现在，每当我想起冬日的寒风，我仍止不住地颤抖。

那时父亲居住于军事基地，而我与母亲则生活在伊斯坦布尔。直到我10岁之时，我的父亲从军队退役，成为一名退伍上校，随后便返回家中与我们一同生活。几乎在一夜之间，家中的氛围骤然改变。父亲每日6:00整准时敲响卧室房门，如果我们没有在6:05前起床，那么等待我们的将是扑面而来的一杯冷水。而在6:15之前，则是俯卧撑与体操运动时间。不难想象，以这种方式开始一天的生活，对于十几岁的少年来说实在是种煎熬，我对此始终没有太大热情。这种情况一直延续至我升入高中，就连周日也不例外。我从未遇见任何一个人的成长环境采用如此严格的军事化管理。

父母严守纪律的态度成为一种障碍，甚至影响到最基本的生活需求。某一次，我与弟弟十分需要买辆自行车出行，但这一要求遭到了父母的拒绝。我们因此不得不向邻居借用自行车，直到外祖母用她的退休金给我们买了一辆自行车。外祖母十分溺爱我与弟弟，几乎是有求必应。因为这个原因，同时也为了逃离家中令人窒息的管束，在17岁那年，我离家前去与外祖母同住。幸运的是，外祖母随后举家迁往伊斯坦布尔。

当我拥有人生中的第一台宝马汽车时，我将其登记在外祖母名下，我希望她有一辆自己的宝马，以此感谢她在我幼年时用退休金为我和弟弟购买自行车。在潜意识里，我也希望用这种方式感谢外祖母在我成长过程中所给予的爱和支持。

父亲退伍之后，我们的日常生活自此发生变化。在学校里，不论我们愿意与否，我和弟弟都必须学习吹奏长笛，后来则须参加篮球训练，丝毫不顾及我们是否对体育活动感兴趣。在这一问题上，我们从来没有任何选择的余地。至于周末的家庭出行活动，我们多数是前往博物馆接受教育熏陶，对我来说完全就是灾难。但我很快找到了将灾难变为机遇的方法。

为哈图沙之石寻找合适的买主

在我10岁那年的某个周末，那时的安纳托利亚文明史博物馆刚向公众开放不久，父母因此决定带我们前往安卡拉参观。我们为此擦亮皮鞋、熨好衣服，塞进小车中，赶赴下一个家庭旅行目的地，与此同时，我们的手中还握着一本笔记本，用于记录参观的内容。在我看来，这些亲子活动是我一生中最无聊的时刻。

我的母亲总是鼓励学生向班级展示与学习内容相关的物品，为此，我时常带着百科全书去学校上课。在安纳托利亚文明史博物馆参观结束后，我擦拭着皮鞋，为第二天上课作准备，一同擦拭的还有我从街上捡来的一块石头。我从母亲的首饰盒里“借走”一个小小的耳环盒，放入石头后，包装成一份礼物的样子。第二天的社会课上，我们学习的内容是赫梯历史。“谁能概述一下赫梯历史？”我的妈妈，也就是这堂课的老师向全班同学问道。塞尔达尔是班上最勤奋的学生，这时他站起来，开始叙述赫梯历史。“哈图沙是赫梯王国的首都，”赛尔达尔说道，“今天我也带来了一块哈图沙之石。”

我的母亲此时感到有点儿惊讶，她问，“赛尔达尔，你从哪里得到的这块石头呢”？

“这是拜巴尔卖给我的”，赛尔达尔无辜地回答说。

在课前，是我以1美元的价格将这块石头卖给赛尔达尔！我的母亲要求我向赛尔达尔退还1美元，并扔掉那块石头。随后，她用教尺敲打我的手心，并将我送回家去，这也许是母亲最为严厉的一次惩罚。这就是我第一次尝试“创业”的结果。

妈妈当然是正确的。在我们家中，哪怕是谈论金钱相关的话题都会被认为是不体面的事情。举例来说，在我小时候，前门边上有一张小桌，父母会将给我们的零用钱放在桌上的一个碗中。当有需要时，我们自行取用，不必询问他们。

这个故事确实涉及伦理问题，但我从中学到了什么呢？我知道了应该如何为产品寻找合适的买主，即真正合适的买主应该具有购买产品的欲望，以及足够的经济能力。我并未询问班上的其他60位同学，而是直接找到我认为具备经济能力，同时有兴趣购买哈图沙之石的赛尔达尔，因为他也希望向全班展示一些特别的东西。我为产品找到了最合适的买主。许多人支付学费学习创业，但我在四年级时便已无师自通。

的确，我在此之前曾进行市场调查。我们当时正在学习赫梯王国的历史，这让我感受到教具的必要性。对于一个创业者来说，确定产品的最优价格是其面临的最关键问题之一。如果产品价格过高，赛尔达尔可能觉得一块石头不值这个价钱，但如果价格过低，他又可能认为产品可能存在瑕疵。因此，产品价格需要同时兼顾可承受性与可靠性。确定产品的最优价格不是一件易事，但我最终解决了这个问题。

最后，我的母亲（我曾私下称她为“卫生局局长”）介入了我的首次创业尝试，致使整个交易最终失效。

至今无法回答的问题

在我12岁左右时，我几乎每日凌晨4:00起床，在没有父母教导的情况下，自己一路前往清真寺晨祷。直至今日，我也无法解释这其中的原因。我的周围并不存在过度的宗教影响，家族中也没有人有前往清真寺晨祷的习惯，但如果我不早起前去清真寺晨祷，我总会因此觉得不安。现在的我已不再在清晨前去清真寺祷告，但我仍无法解释儿时这一举动的原因。

过去曾有一本名为《桥》的杂志。在我13岁时，我曾向其投稿过一篇有关人类起源的文章。对于我那个年龄的少年来说，这个话题颇为奇怪，但却是我在过去，甚至是小学时期经常思考的一个问题。我的文章发表后，《桥》杂志编辑向我寄来一封信，其中向我提出了一些读书建议，并表示希望与我见面。虽然后来我并未抽时间阅读他所建议的书籍，或是与编辑见面，但时至今日，我仍然记得这封信对于我的重要性。

尽管我没能在国家考试中取得优异成绩，进入私立高中就读，但我也是一名好学生。数学是我的强项，每个学期的考试都能取得学科最高分。但过去每年都会更换一位老师。在高二那年，我的老师留给我一个作业，实际难度已远超高中学科教学的正常范围。这个作业是“通过坐标轴上的两个未知数表示一元二次方程。”我的作业令老师留下了深刻印象，他甚至亲自向久负盛名的土耳其科学技术研究理事会（TUBITAK）递交了我的这一成果。一段时间后，还是那一年，由于我的数学老师在很长一段时间内无法返回课堂，校长询问我是否可以代替老师教授数学。但不论我在学校取得如何优异的成绩，只要不是班级第一名，就无法令我的父母感到满意。每当我获得优等学生的荣誉时，他们总是说：“你只是尽到了自己的责任。”

在初三那年，我参加了著名的库列利军事高中的入学考试，我很希望像我的父亲一样，成为一名军官。在5000名应试者中，我的成绩位列第78名，属于前2%的行列。随后也陆续通过了相应的口试与体育考试。最后一项环节是为期10天的身体检查，对方提供了一张检查表，要求我们据此拜访20位不同的医生。如果20位医生均在检查表中加盖“合格”印章，即可成功获得库列利军事高中的录取通知。但最后一天体检的医生认为我并不符合标准。就在前一天晚上，我还为自己获得其他19位医生的合格意见而感到无比兴奋，几乎整夜无法入眠，更在睡梦中梦见自己成为一名军官。第20位医生的结论令我感到心碎。

从表面上来看，是我的两块椎骨之间存在2毫米的缝隙，而常人一般为1毫米。这种先天的骨骼不规则性使我无法承担重负，因此不得不从入学名单中除名。我也因为入学被拒而痛哭好几日。有趣的是，库列利军事高中当时的指挥官曾是我父亲的一位密友。我甚至是与这位指挥官的儿子一同参加入学考试。但我的父亲并未游说这位指挥官替我干预此事，因为他相信，凡事皆有其发生的理由。我随后也进入一所当地的高中就读。

如果事情并未按照其本来的样子发展，那么这本书也许能成为《上校回忆录》也未可知。

地毯商店与卡牌游戏

某日，我从学校回家的途中路过一家地毯商店，我注意到店主正在向一位游客介绍某样东西，但因为语言障碍使得沟通十分困难。我走入店中，帮助店主翻译解释，随后店主说道："如果你能每天傍晚到我店中帮忙售货，我可以给你10%的佣金。"

当时正是我高三那年的5月，我每日放学后都会与女朋友约会。但由于我找到了一份工作，所以我给她写了一张便签，就此分手。当你选择成为创业者时，爱情就是这样溜走的。

第二天傍晚，一对来自德国的游客夫妇来到地毯商店中。经过一个小时的选购与讨价还价，这对夫妇最终购买了价值25000美元的地毯，我也因此获得了2500美元的销售提成。语言完全不足以形容我当时的兴奋之情。在不到一小时的时间里，我赚到了母亲三个月的工资。我每周的零用钱只够买一瓶可乐，与这份薪水相比，实在少得可怜。

那个周末，我出门为自己购买了许多东西，如阿迪达斯运动服、昂贵的新运动鞋、时髦的新款式衬衫与裤子等，但总计花费还不足500美元。我把剩下的钱揣在身上，即使是睡觉时也片刻不离。我每天傍晚都在地毯商店打工，店主甚至请我在周天前去帮忙一整天。

口袋中的2000美元令我生出强烈的消费欲望，所以我之后来到当地的一家游乐园游玩。当时有一种名为“三卡扑克”的卡牌游戏，吸引了大批玩家。我在近处观察一阵后，觉得自己已经掌握了诀窍。在后半小时内，我几乎猜中了所有的卡牌结果。因此我决定一试身手。但在不到15分钟内，我输掉了身上所有的钱。我记得有两个人硬要送我回家，而当时的我难过极了。我接下来的两个星期都不想下床，我恨这个世界。

这次经历让我付出了2000美元的代价，但也教会我重要的人生经验——越是轻易得到，越是容易失去。我发现，投机游戏实际上就是无运气游戏。幸运女神永远不会站在你这边。那天我学到了很多，在往后的日子里几乎没有买过一张彩票。

这笔2500美元的佣金是我人生中的第一桶金，我也是从这里开始，一路走向白宫。

蓝色清真寺售卖明信片

在高三那年，周三几乎汇集了我认为无用的所有课程（体育、艺术、公民学与国家安全，以及自行车课）。因此我决定翘课前往伊斯坦布尔的蓝色清真寺附近售卖明信片，从我家乘坐巴士仅需10分钟路程。那里有一位老者专门出售明信片，可以一天结束后再支付进货价。这在当时属于标准的经商流程，直至今日可能仍有延续，主要是因为售卖明信片的人缺乏经商本钱，方才出现这种“先卖货后付款”的体系，而我今后提出的“拜巴尔·阿尔屯塔斯赚钱公式”亦以此为基础。

从售卖明信片的实践中我了解到，本钱并非盈利的必需。因此我的经营策略十分简单，即成为当天第一个向老者付款的人。出于这一原因，这位老者十分喜欢我，一夜之间，我们成为朋友。我始终对这位老者坦诚相待，因为如果他不信任我，便不会提前将明信片交予我。很快，我诚实可信的声誉便在附近传开。这也是我人生中第一次感受到，诚信是一个人最大的资本。

在土耳其，当高中生即将毕业时，需要向国家大学入学考试委员会提交一份志愿表，其中列出希望报考的院校名称。委员会则根据入学考试的成绩，决定学生被录取的公立大学及专业。如果学生的考试分数无法达到志愿表中任一所院校的分数线，那么该学生将无法申请进入其他公立大学。提交志愿表时，我没有告诉任何人。志愿表由我独自填写，我的成绩符合18所院校的要求，我仅从中挑选出5所院校。志愿表中所有专业均为海峡大学开设，第一志愿为旅游专业，首选这一专业主要是由于这一专业仅需2年即可毕业，无需额外“浪费”4年的学习时间。

海峡大学成立于1863年，作为北美地区以外的首家美国院校，目前被公认为是土耳其前三位的院校，只有最优秀的申请者方有机会获得录取资格。我认为自己被录取的机会甚微，但因为我仅申请了一所学校，所以也没有可能被其他公立学校录取。这点与我成为地毯商店售货员的梦想倒是十分相称，高等教育于我而言只会是一种阻碍。我决心尽快开始社会生活。我所获得的2500美元的第一桶金彻底改变了我对生活的看法。

那时是1987年7月。高中学业已然结束，我正在享受暑假。递交入学申请后，我觉得海峡大学无论如何也不会录取自己，因此便开始寻找新的工作。旅游购物区是金钱汇聚之所。我主要关注地毯销售领域，佣金比例平均可达50%，这已远远超出之前地毯商店提供的10%的佣金。我想只要每月销售至少一条地毯，便可赚取15000美元。但事情却并未按照我的预期发展。找一份地毯销售的工作并不那么容易。

某一日，我从分类广告中发现了一家旅行社的广告，对方希望招募一名办公室勤杂员。我致电对方，但接线人员称，“我们不与高中生共事”，随后直接挂断电话。我再次拨通电话，询问对方的地址。我必须知道对方的地址。成为一名办公室勤杂员意味着我将有机会结识更多地毯商店老板。我独自前往旅行社所在处，老板接待了我。我从其他80位申请者中获选，开始时的工资很低。

在工作中，我还需要借助之前售卖明信片时学习的一点英语向游客介绍旅行信息。没过多久，老板便打电话要求我去办公室见他。“你会说英语，我打算将你调派至票务部门，你现在就可以前往票务服务台报道了”，老板说道。但对于这次升迁，我却并未感到激动。我一向只追求结果，虽然我现在只是一个勤杂员，职位很低，但却让我有机会与地毯商接触。尽管并不情愿，但我还是接受了这一新职位。我的字典里从来没有“拒绝”这个词汇。

我的新办公桌位于旅行社的入口处，进入旅行社的任何人都需首先与我接触。我马上意识到，票务工作实际上是一份好差事。在1987年的两伊战争期间，大量阿拉伯国家的游客涌入伊斯坦布尔，我们的许多顾客当时正前往美国或瑞典逃避战乱。我很喜欢这份工作，小费数量也很可观。旅行社还有其他三个票务服务台，但我独自一人在一天之内便完成了10000美元的销售额。此外，记账也在我的工作范围。我一周工作7天，一天工作14个小时，但总的来说，对于一个刚从高中毕业的男孩来说，生活还算美好，我对工作也抱以极大的热情。

与此同时，我开始了货币兑换业务。我将美元换成土耳其里拉，随后转售货币。必须说的是，这一货币兑换业务为我的今日成功奠定了基础。从那个时候起，我逐步发展出一项能力，即先于他人“嗅出”财源。即使当一位顾客推开门时，我也可辨别出顾客身上怀揣的是美元还是土耳其里拉，或是看出顾客希望购买前往利比亚还是瑞典的机票。除此之外，我甚至一经触摸，即可辨别真钞与假钞。不久之后我意识到这些技能的重要性，凭借这些能力，我可以轻易分辨人性的真实与虚假。

一位愤怒的顾客

曾有一件事十分可怕，令我感觉宁愿自己从未出生。那是一个周日，我正如往常一般独自工作，这时电话铃声响起。这是一位土耳其VIP顾客从印度尼西亚打来的电话。他与5位同事因无签证入境而遭到当地警方的拘留。他们几人的航班与机票皆是由我预定购买，但发行方是一家国外航空公司。开票航空公司有责任核查签证，但不知何故并未做到。当航空公司发来确认单时，我认为对方已经核查签证，所以并未亲自确认。现在顾客的事情全部搞砸，不用说，顾客感到震怒，无论何种方法都不能令他平静下来。

我佯装电话断线，立即致电老板说明情况。老板立马赶到了旅行社。虽然老板与顾客取得联系，但这并未让情况有所缓和。损失已经造成，这也是我在旅行社工作期间最后一次见到或接到这位顾客的电话。

2011年，我将在某场会议中向3000名学生发表演讲，在等待的过程中，我听见主办方的开场白称我为当天最杰出的两位演讲者之一，这令我感到十分震惊。另一位嘉宾演讲者是艾哈迈德·佐鲁，名列福布斯全球亿万富豪榜之一，也是23年前在印度尼西亚出现签证问题的那位顾客。在我们各自的演讲结束后，我向其作了自我介绍。他仍然记得那时的事情（怎可能会忘），我们都对此一笑置之。

印度尼西亚事件发生的几个月后，我收到了在我看来十分糟糕的消息——我被海峡大学的外语教育系录取了。这已远远超出我的预期。我在旅行社的工作十分顺利，也赚到了不少的薪水，对于这一消息，我不知该感到高兴还是难过。我的老板安慰我不用担心，称我还可以继续在旅行社兼职工作。最后我发现，我的分数刚好达到这一专业的分数线。我时常在想，如果我在考试中多错一道题，那么现在的生活将会如何。

那年的10月开始，我在旅行社工作至中午，随后搭上巴士前往海峡大学上课。我大约在傍晚6:00左右返回旅行社，协助记账工作。这样的生活一直持续到旅行社被收购。新任经理称其无法与一名学生共事，所以我最喜欢的一份工作就此画上了句号。

随后，我开始在另一家旅行社打工，安排儿童旅游，同时提供家教服务。我的周六与周日全部排满。我开始组织一场前往博德鲁姆的春假旅行，参观爱琴海岸一座充满生机的度假小镇。我在大学篮球场前立起一个摊子，并在全校张贴海报，上面写着“拜巴尔的博德鲁姆之旅：90–60–90”。每个人都猜测海报中的数字是指广告模特的三围，或一家公交公司。事实上，这是我的一项延期付款计划，学生们可以在3个月期限内，以90里拉、60里拉，及90里拉的顺序支付旅游款项。我是海峡大学首个校内创业的学生，活动开展得非常成功。

我从旅行社的同事处学习行程的组织经验，随后还组织过其他十次行程，前往北塞浦路斯的拉古娜海滩度假村。在所有这些旅行中，最为烦人的当属拉古娜海滩度假村的电梯。电梯出现故障后，我多次询问前台人员有关电梯的情况，对方总是说需要等待土耳其专家前来维修。

2010年，我被选为北塞浦路斯的年度杰出企业家，北塞浦路斯土耳其共和国总统亲自向我颁发了这一奖项。颁奖典礼后，在受邀前往总统府的途中，念及昔日时光，我决定顺道拜访拉古娜海滩度假村。让我感到吃惊的是，尽管已经过去22年，电梯仍然处于故障状态，我因此再次询问前台工作人员，被告知称需要等待土耳其专家前来维修。这正是我喜爱塞浦路斯的地方。在那里，时间仿佛完全静止。

多年以后，当本书第一版发行后，我收到一位塞浦路斯创业者传来的消息，他希望在塞浦路斯创设Deulcom International分公司。老实说，我回电的主要原因在于过去对这片岛屿留下的美好印象，以及多年来对塞浦路斯口音的怀念。

结果如何呢?

在首届北塞浦路斯创业峰会上，我宣布将在塞浦路斯创设Deulcom International分公司。2012年4月，Deulcom International塞浦路斯分公司开业，地方虽小，但不到三个月的时间里课程已全部排满，现已成为北塞浦路斯最重要的语言课程。运营地点位于一所经过翻修的古典塞浦路斯房屋。

最爱的童年回忆

拜巴尔·阿尔屯塔斯全家合影

最喜欢的电影：《黑神驹》《大白鲨》。

最喜欢的电视节目：《糖果女孩》动画、《海蒂》、《太空：1999》、《家有仙妻》、《巴雷塔》、《无敌金刚》、《科伦坡专员》、《鹰冠庄园》、《大淘金》、《家族风云》、《草原小屋》。

二、一个偶然发现：我的特许经营入门

我在海峡大学中居住于2号宿舍楼，宿舍中共有10个铺位，我睡在其中一个下铺，我哥哥的高中同学则住在上铺。1991年，我的课外时间安排得非常紧凑。在工作日期间，我在伊斯坦布尔的旅行社工作，为儿童安排旅游线路。周末则提供数学、英语和德语的家教课程。由于家长一般希望下午才开始补习课程，因此周日上午是我唯一的空余时间。

周日用过早餐后，我会前往宿舍对面的图书馆，阅读周刊杂志。某一个周日，我拿起了一本名为《经济概论》的杂志，当我翻看时，其中的某个标题吸引了我的注意力："土耳其的特许经营潮流。"

当时的我已经有过3年的大学英语学习，但我并不了解"特许经营"这一土耳其词汇的含义。我通读了这篇长达2页的文章，试图了解这一词汇的含义。

读过之后，我突然意识到麦当劳已于近期来到土耳其，其加盟店的排队人流足以环绕街区。

世界另一端的汉堡餐厅落户土耳其，但我们却不能帮助布尔萨著名的伊斯坎德烤肉餐厅在伊斯坦布尔开设分店。如果你想来一串正宗的烤肉，却需要花费2小时前去布尔萨购买。伊斯坦布尔的众多全国知名餐厅都宣称别无分店。

文章中称，麦当劳等品牌的成功主要依靠特许经营店的数量进行衡量。麦当劳为全球5000多家分店而感到自豪，而土耳其本土的烤串餐厅却以无分店为傲。

麦当劳创始人与土耳其烤串餐厅的经营业者至少拥有一个共同点，即他们既是创业者，又是企业管理者。但有何种方式能够协调两种完全不同的经营方式呢？我开始思考如何解释这些矛盾的方法。

此外，那篇文章还提及，特许经营是一个全球性系统，但其中所列的电话号码与地址却均位于德国。我随手记下了那些号码。

一位来自德国的客人

通常情况下，我需要从学校搭乘两辆巴士，下车后步行前往我所工作的旅行社。一般傍晚6:00左右即可到达。

在读过那篇文章后的傍晚，我坐在旅行社的打字机前，向图书馆杂志文章中所提供的号码发送传真。我邀请德国特许经营协会的主席前来土耳其，介绍特许经营体系。

我曾无数次问过自己，为什么只有我一个大学生希望邀请德国特许经营协会代表前往土耳其。那本杂志拥有20000册左右的发行量，但我确是唯一一个想到邀请德国特许经营协会代表前往土耳其的读者。

这个问题的答案十分重要，这使得一位创业者将自己与《经济概论》的其他19999位读者区分开来。但这个问题却没有什么科学的答案，唯一能说的只是，我感觉到了成功。我在土耳其发现了特许经营体系的必要性。国际品牌可能落户土耳其，土耳其品牌也可能走向世界。

我甚至并未考虑到自身作为贫穷大学生的事实，便发出了那封传真。我并未思考“特许经营体系与我有何关系”，我只是想“我将付出什么代价，我又将失去什么”。

那么，我失去了什么呢？我花费5分钱购买纸张，20分钱发送传真。这是我所付出的全部。

实话来说，我并未考虑德国特许经营协会是否会认真对待我的传真。我所知道的仅是，我发现了机遇，未费功夫便抓住机遇罢了。

一周后，我收到德国方面的回信。

“阿尔屯塔斯先生您好，感谢您的邀请。请问您能否为本协会组织一场新闻发布会？我们将支付所有费用。”

当时的我想，我真是遇到困难了。他们并不知道我只是一个学生（当时谷歌尚未流行），他们一定认为我是一位重量级商人。如果他们了解我的真实身份，就绝不会提出这样一个要求。我不清楚如何组织一场新闻发布会，在那之前我也从不认识任何记者。我完全不了解新闻发布会是怎么一回事，甚至不知道该从何处寻找记者。但我立即向德国方面发出回复：“若贵方将承担所有费用，本人将十分荣幸举办一场新闻发布会。”

在旅行社内，我们时常收到新开业酒店的宣传册，其中大部分来自于新近开业的塞拉宫凯宾斯基酒店，所以我给这家酒店打去了电话。我告诉接线员称，我计划在他们酒店举办一场新闻发布会。对方记录了我的电话号码，称将向有关人员反映信息，并尽快反馈于我。塞拉宫凯宾斯基酒店是一家五星级酒店，其前身为奢华的奥托曼宫殿酒店，目前是欧洲最昂贵的数家酒店之一。

第二天傍晚，我接到了酒店的回电。酒店代表说道：“阿尔屯塔斯先生，我们酒店尚未承办过一场会议，但我们十分了解德国的特许经营体系。鉴于德国特许经营协会主席将亲临土耳其，我们十分乐意向这场新闻发布会提供赞助。这将使我们酒店得以在商业新闻中进行宣传。”

听到这一消息我感到十分高兴，但我仍然希望了解酒店无赞助情况下，举办新闻发布会的费用情况。当我看到酒店的报价后，我对酒店提供赞助感到更加高兴。

出租车中热烈欢迎汉斯·朗

1991年4月21日，汉莎航空的某一班机飞抵伊斯坦布尔。飞机准点抵达，我也同时到达机场。机场与我的宿舍距离很远，我换乘多辆巴士，耗时3个小时方才赶到。

在3个小时的途中，只要有座位，我便在学习。

协会主席拎着行李步入到达大厅，目光扫视人群，寻找我的身影。我身穿T恤与牛仔裤，手中举着的一张纸上写着协会主席的名字。

他觉得我只是一个接待人员，便开口询问阿尔屯塔斯先生。

我没有回答。我觉得在出租车上表明自己的身份比较妥当，否则他很可能转身就乘坐同一班飞机返回德国。在出租车上，我向主席说明我就是阿尔屯塔斯，他显得十分沮丧。看见主席恼怒的样子，我心想“还好没有乘坐巴士！”在那个时候，对于一个大学生来说，乘坐出租车意味着一笔不菲的花销，相当于现在的我购买头等舱机票为人送行。但我认为主席并不能领会这一待客之礼背后的价值。

无论如何，我最终安排主席住进酒店，第二天上午9：00，我们一同出现在新闻发布会现场。当我们到达时，工作人员仍在清理椅子上的塑料包装。酒店已安排媒体人员早餐，会议室共可容纳30人。塞拉宫凯宾斯基酒店未曾举办过一场新闻发布会，现在的我成功为其组织第一场新闻发布会，这令我感到十分荣幸。

我从市场中选择多家报纸与杂志社，致电对方并邀请记者参加本场会议。通过这次活动，我对成功的“嗅觉”通过了第一次考验：超过75位媒体代表涌入了这间仅能容纳30人的会议室。

我也无意中听见有人打趣般问道：“这么多人在做什么？难道是总理来了吗？”德国特许经营协会主席汉斯·朗先生对酒店准备及媒体出席人数留下了深刻印象。当他看见会议于上午10:00准时开始时，主席先生几乎笑得合不拢嘴。特许经营的理念对于土耳其人来说较为陌生，多数媒体代表采用了错误发音，甚至是错误写法。在发布会上，我充当了朗先生的翻译助手。会议最有意思的地方当属汉斯·朗先生演讲时，我在旁翻译，但我的记者朋友们却尝试纠正我的翻译错误。

我与发布会上的众多商业记者保持着长期友好关系。我拥有高级媒体人脉网络的主要原因便可追溯至这次首场发布会。自那时起，到场的多数记者逐步成为媒体、公关或出版业领域的高级管理人员。

现在成为土耳其特许经营的唯一联系人

发布会结束的一周时间内，相关消息见诸于各路媒体，但其中有两篇文章深得我心。其中一篇标题为《拜巴尔·阿尔屯塔斯的特许经营理念》的文章将我誉为土耳其的特许经营教父。另一新闻报道则用了近一版的篇幅，刊载一篇名为《拜巴尔·阿尔屯塔斯领导下的品牌自西向东转移》的文章。

真正令我感到惊讶的是，没有人询问我所从事的业务，为何邀请德国特许经营协会的主席到访土耳其，更没有人质询我的身份。无人在意我的身份即证明特许经营这一话题本身的重要性。

这是一个优秀的经营理念，我见证着其在短期内成功打开众多领域的大门。在几日之间，我成为土耳其特许经营的唯一联系人。我灵敏的嗅觉并未产生误导作用。我多希望自己在参加大学考试时也能有如此敏锐的感觉。

作为一名21岁的大学生，我并不认识商界的任何人，但现在商界人士都通过这一场发布会认识了我。

三、向土耳其传播特许经营理念

德国特许经营协会主席在返回德国时感到非常满意，而我则继续自己的学业。不久之后，土耳其全国的商人在阅读媒体文章后，都开始电话联系我。每当电话铃响起，我便需解答孩子父母们的问题，向他们介绍儿童周末游的报名情况。但与此前不同，现在的电话则来自全国的创业者，咨询如何开设一家麦当劳加盟店。随着接入电话越来越多，我开始担心自己会被旅行社炒鱿鱼。

在接到近200通电话后，我再次向汉斯·朗先生发出了一封传真，“您离开土耳其后留下我一人独自面对这些投资者，我现在应该怎么做？”

汉斯·朗先生回复道：“我们希望你在5月24日前往威斯巴登参加欧洲特许经营大会，就土耳其的特许经营市场发展潜力发表一场演讲。”

我立即传真回复，并拨打了电话。

“朗先生，谢谢您的邀请。我很乐意前往威斯巴登发表演讲，但正如我之前所提到的，我只是一名土耳其大学生，目前仍然居住于大学宿舍，谁能为我承担机票与食宿费用呢？”

“拜巴尔，你不用担心。你只需要带上两位记者朋友参会，所有出行费用将由德国特许经营协会承担。”

这听起来不错。除了之前的塞浦路斯之旅外，这将是我第一次出国旅游。我开始喜欢这个特许经营业务。

发生这些事情后，我仍不敢想象，有朝一日，自己的Deulcom品牌也将成为土耳其的百强特许经营商之一。

德国方面发来正式邀请函，签证也随之办理妥当。我与两位知名媒体记者一同登上飞往德国的飞机。飞机首先抵达法兰克福，我们随后入住威斯巴登假日酒店。

这是我真正意义上的首次出国旅行，也是第一次参加国际会议。我一直在心里对自己说：“让我们看看哪里才是终点。”

与我们一同入住这家酒店的还有特许经营领域的许多重要人士。一位英国石油公司高管住在与我相邻的客房，麦当劳欧洲主管则住在对面。我系着领带，在电梯里微笑着用法语向众人问好。他们都以为我是某位重要人士，但实际上，我需要在3日内返回伊斯坦布尔参加大学期末考试。我向他们分发我为自己制作打印的名片，其中注明我是移动办公一族，而所列的联系方式则是我外祖母家的地址与电话号码。

因为当我在宿舍时，这些商业人士无法联系到我，所以我选择了外祖母家的地址。在我心目中，我的外祖母就是我最佳的秘书人选。

“一些外国人打电话来找你，但他们不会说土耳其语，我听不懂所以就挂断了电话”，外祖母说道。

在早餐时间，朗先生将我引见给许多德国特许经营商，介绍我是土耳其的特许经营业务联系人，我也一一分发名片。朗先生立刻感受到这些特许经营商对土耳其市场的兴趣。我记得他当时对我说：“我真高兴你在这里。”我引用土耳其前总理的话来阐述土耳其的特许经营市场潜力。

“苏联已经解体，当前涌现出众多突厥共和国，从阿塞拜疆、哈萨克斯坦、土库曼斯坦到乌兹别克斯坦等国，人口总计达到4亿。土耳其就像这些国家的大哥，通过土耳其，诸位可接触到广阔地区的发展机遇。”这是一场吸引人心的演讲。参会人员开始邀请我在土耳其及地区其他国家组织讲座、演讲、研讨会与会议等。

创办特许经营协会

当天晚上我意识到，如果你拥有优秀的商业理念，人们自会来到你的身边。如果这是真正有意义的构想，投资者也绝不会离你而去。那天晚上我的全部名片均已发光。

我的一位记者朋友问道：“阿尔屯塔斯先生，他们对土耳其提出了诸多要求，那么你对未来有何计划？”

“下一步，我们需要成立土耳其特许经营协会，使其逐步成为欧洲特许经营联合会的正式成员。”

“阿尔屯塔斯先生，这是土耳其的重要一步，那么谁将成为创会成员呢？”

“我将独立创建土耳其特许经营协会。常言道一个土耳其人就值整个世界，不是吗？”

“从法律上行不通。你至少需要7位土耳其人一同创建协会。”

“这里有一份名单”，我说着递给他一份土耳其特许经营协会的创始人名单。

那位记者十分严肃地查看这份名单，当晚便通过传真从威斯巴登将这份名单传回伊斯坦布尔其所在的新闻社。第二天，该份报纸的商业版块以四分之一篇幅刊载了一篇文章，标题是《拜巴尔·阿尔屯塔斯领导创建土耳其特许经营协会》。

文章中同时还刊载了那份创始人名单，我在海峡大学2号男生宿舍中的9位好友名列这份土耳其特许经营协会的创始人名单中。

这一新闻在土耳其商界引起轰动。当我返回伊斯坦布尔时，我在旅行社的朋友交给我一份45人的名单。

“看来你正准备创建一个协会，这些人来电要求成为创会成员。”

45位商界人士打来电话，表示希望成为土耳其特许经营协会的创会成员。

“他们上钩了”，我告诉自己。

成为土耳其特许经营协会秘书长

我在塞拉宫凯宾斯基酒店举办了一场45人会议，但这次酒店开始要求我付款。召开这场会议旨在向45位商业人士介绍此次德国之行，并商讨特许经营协会的创立事宜。那是我第一次置身于如此之多的商业人士间。我系着领带立于入口处，手持宾客名单欢迎每一位到访的来宾。

一切都很完美，仅除一件事外。到会人员至少认识其他一位或多位来宾，但我却不认识任何人。大家都在热烈谈话，但我却无人可与之交谈。

所有人落座后，我主持开始了这次会议。为了认识众人，我首先请在座诸位介绍自己。自己则在宾客名单的姓名旁作简单备注。

正对我而坐的是7–11土耳其首席执行官，他在评论介绍时提及了他的妻子是海峡大学的一位经济学教授。“奇莱尔教授在她的课程中亦有融入特许经营理念，在我们从美国返回土耳其之前，曾就特许经营进行深入研究，我本人将以一切可能的方式为土耳其特许经营协会的创建提供支持。”

会议成果如下：各方认为45人已远远超出协会的正常创会人数，因此包括我在内共8人将成为土耳其特许经营协会的创会成员。我将负责编写协会章程，其他人则成为协会创始人。

1991年9月21日，土耳其特许经营协会正式成立。奇莱尔先生成为协会的首任主席。另一位著名商界人士阿兹米·萨里贝则担任协会副主席。我本人则是协会秘书长兼董事会成员。秘书处是一间15平方米的办公室，由萨里贝先生提供。现在我已成为土耳其特许经营协会的秘书长，除已有的大学课程、家教及旅行社工作外，肩上所负责任令我本就忙碌的行程安排更加紧凑。作为特许经营协会的董事会成员，我可能是世上唯一一个身居此位却仍乘坐公交出行，且需在工作以外时间补习功课的人。

教授的意外晋升

每两周，我们在这间小办公室里召开董事会会议，在其中的一次会议上，土耳其特许经营协会主席说道："我有一个好消息向大家宣布。总理先生向奇莱尔教授表示，希望她参加下一任国会议员选举，奇莱尔教授目前正在考虑中。"

"恭喜！这真是个好消息，希望一切顺利。"奇莱尔教授在3个月后成为一名国会议员，她随后宣布自己将成为新政府的经济部长。她的晋升之路并未止步于此。约一年后，土耳其总统过世，总理接任总统。土耳其特许经营协会主席的妻子——坦苏·奇莱尔教授也因此成为土耳其第一位女总理。

无需介绍，土耳其特许经营协会的创会成员即为奥泽尔·奇莱尔先生——土耳其首位女性总理的丈夫。

我最难忘的记忆之一是受邀作为大学管理俱乐部嘉宾，在海峡大学亚伯特礼堂中参加会议。我冲出教室，在热切的听众中飞奔，终于准时到达礼堂。在这座礼堂中，我曾聆听众多演讲者的讲座，现在我终于站在台上发表自己的演讲。我很享受这种感觉。

奇莱尔教授出身于伊斯坦布尔选区，这一区域的女性人数位列全国选区第一位。

某一日协会的董事会会议结束后，奇莱尔先生对我说："拜巴尔，我正在组建奇莱尔女士的竞选团队，你何不参加？今天傍晚我们将在我的办公室会面，欢迎你加入我们的团队。"

奇莱尔教授的两名学生、奇莱尔先生及我四人在奇莱尔先生的办公室为竞选活动举行了第一次执行委员会会议。奇莱尔先生安排我负责宣传事宜。第二天，我们在一家广告公司会面，也是在那里，我了解到坦苏·奇莱尔教授是正确道路党的候选人。事实上也是在同一天，我知晓苏莱曼·德米雷尔总理也是正确道路党的领袖。由此可以看出，我对政治的了解实在有限。

奇莱尔先生的公司总部十分宽敞，但他本人的办公室却略显狭小。他是一个注重结果的人，任何他认为没有必要的事情都不在关注范围之内。他的办公室大概只能容下五个人，但我却十分喜欢这种布置。之后，当我开始自己创业后，我也同样选择了一间较小的办公室。

奇莱尔先生是我的商业榜样。虽然我只是一个学生，但每当我离开办公室时，奇莱尔先生总会将我送到门口。我注意到，他对每个人的态度都是那么谦和有礼，不论是勤杂员或是秘书长，奇莱尔先生始终不论贫富地以礼相待。他平等地对待每一个人，也因此走入大家的心中。我还注意到，当我们在竞选办公室举行执行委员会会议时，奇莱尔先生从未对任何人说过不字，他总是说“是，你是对的”，从积极的角度看待每一件事。

我记得有一次，当我们决定对奇莱尔先生提出的竞选标语进行快速投票时，我们对所有标语都不满意，因此决定设计一个新标语。数个小时后，印刷员拿来打印完成的横幅，但其中所印的还是奇莱尔先生原先提出的标语。我随后意识到，为了不令任何人伤心，奇莱尔先生总是对一切表示肯定，但最终仍是以其认为正确的方式行事。这给我上了宝贵的一堂课。我明白了，如果你对自己的意见十分自信，那么即使他人表示反对，你也必须承担风险，独立作出最终决定。

奇莱尔先生会开着他的福特汽车前往伊斯坦布尔市区接我，随后我们一同前往竞选总部。我们抵达时，总会有一群人欢迎我们。我们首次开会时，总部外共有上千位支持者，让我感到仿佛置身于电影场景之中。每个人都以恭敬顺从的态度对待奇莱尔先生，而他戴着一副雷朋太阳眼镜，就像一个电影明星一样。场面看起来娱乐性十足，人们欢呼迎接我们的到来，随后又被驱赶离场。

奇莱尔先生是一个很善于在短时间内取悦别人的人，于我而言具有特别的意义。直至今日，当人们离开我的办公室时，我也会起身将他们送到门口，这一习惯就是受到奇莱尔先生的影响。在我参加竞选活动期间，我还意识到，自己没有必要参与政治！实际上，创业者应远离政治，但与政客保持密切联系却并无坏处。在另一方面，如果你有意投身政治，那么形成高级的人脉网络则必不可少。否则耗费40年时光也只不过是一位郡县管理者，如果出现一位大学生，你还须依从他的意见。

奇莱尔教授被任命为经济部长后，土耳其特许经营协会也同时召开成员大会。奇莱尔先生宣布称，因其妻子当前在政府的职位，他已不再能够继续在协会事务中发挥积极作用。由于董事会的其他成员热情不高，因此协会举行新一届董事会选举。我抓住这次选举的机会，托称课业繁忙，放弃秘书长职务。大多数成员根本不知晓我其实是一名学生，我早已被公认为是一位年轻的首席执行官。

在短时间内，我得以与大量高层商业人士会面交往，成为商业新闻中一颗冉冉升起的新星。多家报纸主编电话联系我，希望我安排他们与奇莱尔夫妇会面。他们认为我总是与奇莱尔夫妇在一起，但情况却并非如此。我几乎每天见到奇莱尔先生，但却仅在学校里见过奇莱尔女士。除此之外，我与她更无任何交集。某一天，当我打开报纸的经济版面时，某篇文章的标题映入我的眼帘："奥泽尔·奇莱尔的办公室主任成为旅游业巨头。"这是完全失实的报道，我根本无法形容校园中的气氛。奇莱尔先生并未公开否认全部情况，因此商界人士全部信以为真。在奇莱尔女士成为总理之后，我甚至没有机会与奇莱尔先生再见一面。

土耳其特许经营协会（UFRAD）现在仅是一个代表所有行业的非政府机构，首脑人士为一名大学生。土耳其特许经营协会是土耳其参加全球特许经营联合会的代表机构，作为欧洲特许经营联合会的活跃成员，协会已通过杂志、广播与展会等形式获得数十万美元的收入，但在其创立伊始，却是由一位天真而又精明的大学生花费25分传真费用促成。

最令我感到高兴的是，我最初创立的协会中，80%的成员属于全球品牌的业界代表，时至今日，土耳其本土品牌的代表已占据50%。随着世界品牌落户土耳其，土耳其创业者开始快速意识到，特许经营与分公司是完全不同的两种概念。

四、仅400美元创办一家公司

有一天，我在土耳其特许经营协会附近的伊斯坦布尔下了公共汽车，并决定顺便访问协会，看看事情的进展状况。我到那里时，大楼管理员告诉我，协会办公室已经搬到更便于当前管理的地方。

次日，我顺路访问了阿兹米·萨里贝的公司总部。萨里贝先生创建的公司彻底并完全地革新了土耳其的房地产业。他不再是土耳其特许经营协会的副主席，但是他拥有协会总部曾经所在的建筑。

"萨里贝先生，协会已腾出其办公室。您对此有何打算吗？"

"我不知道。"

"我有一个计划。"

"说来听听。"

"把它改为一间销售办事处。我们可在那里为旅行社提供员工培训！"

我曾有在旅行社工作的经验，因此我知道在旅游业中，寻找合格的员工是一个实际的问题。土耳其旅游业的繁荣早在1990年开始，但是旅游业领域的唯一培训项目只针对酒店员工。所有职业学校和旅游管理学院只把注意力集中在酒店上。然而，全国有大约三千家旅行社需要训练有素的专业人员，这些人要既能处理预定、旅游销售和租车合同，又能组织会议。

“拜巴尔，这行不通，”他反驳说，“在土耳其，没有人会为一门课程付钱，只为到头来在旅行社做一名职员。”

当时，萨里贝先生在同一栋楼开设房地产的课程，而我想在那里举办旅行社中介课程。我想，如果人们愿意花钱学习如何成为一名房地产中介，为什么他们不愿意花钱学习如何成为一名旅行社中介呢？我指出这两个行业运作都基于佣金，但这并未说服他。

大学毕业的时候，我的目标是成为旅游课程的经理。我提出让萨里贝先生给我发高薪水。如果萨里贝先生允许的话，我想直接成为一名经理，而不是从培训生做起。我的目标月薪是1000美元。

然而，事情并未如预料的那样发展。我多次拜访萨里贝先生并陈述自己的观点，但他从未改变主意。最后，他感到厌烦了。

“你有多少钱？”

“我有400美元，萨里贝先生，这是我的私人课程所得。”

“这已经足够了，”他说，“现在，用你这400美元去报纸上登一处广告。那样，你将花掉这400美元，我也将摆脱你。”

我完全没有预料到这种回答。他想让我交出我所有的积蓄！我告诉他，我需要再考虑考虑。用别人的钱制订计划是一回事，但用自己的钱时，就完全是另一回事了。用自己的钱时，你将需要时间考虑。在《龙穴之龙》电视节目上，企业家们提出用投资者的钱来创建企业，多年以后，我把这种方法考虑在内。我一向能评估出企业家们是否愿意拿自己的资本冒险。

我在仔细考虑萨里贝先生的建议时，脑海里冒出了以下想法：我有400美元，我正在乘坐公共汽车。如果我失去了这400美元，我仍然会乘坐公共汽车。所以，这有什么区别呢？我只需要再当20个小时的家教，就可赚回这笔钱。如果我失去了这笔钱，只需睡少一点，辅导更多的学生，来赚回这笔钱。事实上，我失去的只有睡眠而已。

“萨里贝先生，我已经决定了。来登广告吧。”

“好吧。请在电脑前坐下并制作你的广告。在你改变主意之前完成它。但是要当心，不要说这是旅行社职员的培训。人们不会为只成为职员而参加课程。你应该称其为旅游经营者课程。”

“我称其为专业旅游经营者研讨班，如何？”

“听起来更胜一筹。”

400美元为我买了一块小小的、10厘米的两栏空间。我没把钱带在身上，所以萨里贝先生为我投放了这则广告，并同意让我晚些还钱给他。但起初，他让我签一份本票，下周还钱给他。他这样做，实质上是在传送友情和生意是两码事的信息。

这是1992年2月9日，第一条旅游经营者研讨班的广告出现在了土耳其的报纸上。萨里贝先生告诉我，我可以免费使用他办公室的电话以及前土耳其特许经营协会办公室来经营我的生意。

那个周末我住在外婆家。投放广告的那天，我满怀热情地早起，8：00就到了办公室。

我们会看到谁是对的：我或萨里贝先生。

整整一周后，我数着新买保险箱里的现金：刚好1.74万美元！是的，你没看错。那一周，72人登记参加研讨班，第二周我又获得了另外的3.5万美元。到月底时，保险箱里大约有10万美元。

我计算出，当月所赚有大约9.5万美元的利润。开支是这样累加的：两个报纸广告800美元，聘用42小时的教师840美元，3000美元租一间酒店会议室，时间为三个连续周末（由于我的小办公室无法容纳这么多人）。

我最初1000美元的理想月薪已经消失了。现在我有9.5万美元。

三个月后，我在伊兹密尔开设了分公司

萨里贝先生经常路过我的办公室，来看看业务进展情况。我的答案总是“还不错”。我不想让他开口索要租金，所以我继续兜圈子，换个话题，谈我的研究——任何可引开话题的事情。

一天，他的秘书打电话来并为我接通了他。

“我能为你做什么吗，萨里贝先生？”

“拜巴尔，生意怎么样？”

“进展不错，萨里贝先生。与此同时，学校负担也越来越重，要处理期终考试、试卷和类似的事情。”

“忘记课程；我问的是生意。”

“呃，还不错……”

“‘还不错’是何意？我听说你买了一辆车。是吗？”

大楼里的勤杂工不失时机地奔走相告。

“我认为你最好过来一趟。我们需要谈谈。”

次日，我手握着一份房屋租赁合同和一张三个月房租的现金收据离开了萨里贝先生的办公室。

三个月后，我在土耳其的第三大城市伊兹密尔开设了Deulcom分公司，坐落于爱琴海沿岸。之后的又三个月，我在首都安卡拉开设了另一个分公司。九个月内，我拥有了三家分公司，4000名毕业生，口袋里有相当大的一笔现金。

刊登第一则报纸广告的一年后，司机开着崭新的94型宝马车，送我去大学校园上课。我永远都不会忘记，舍友们开玩笑地告诉我说，我的司机正在楼下等我的样子。最后我被大学的秘书长请求离开学生宿舍。看到我现在拥有一辆宝马和一名司机，而几乎不用花钱住在宿舍，他建议我给自己找个地方住，以便其他学生可以使用我的宿舍位置。

不久以后，我搬进了自己的公寓。我的宿舍生活结束了。

来吧，年轻人，让我们起诉吧！

一天，我接待了从教育部办公室来的一位检查员。

“这门课程的许可证在哪？”

“我需要许可证吗？”

好像根据法律，开设课程是需要许可证的。

“我真的全然不知。如果我知道，我肯定会办理一个。”

他们将此案例移交到检察官办公室，要求六个月到两年的监禁。这就开始了，现在我不得不应付法庭了。

他们对我的各个课程地点递交了单独的起诉书：伊斯坦布尔、伊兹密尔和安卡拉都是单独的案例。在我的年轻律师，一名应届毕业生的帮助下，我结束了在法庭上的徘徊。每当走在法官前面时，我便解释我只是一名贫困大学生以及我成长的条件有多么坚苦。我甚至还阐述了为拿到父母的零用钱所必须经受的遭遇。我乞求他们原谅我，并发誓决不犯同样的错误。我的律师只是不停地说，“我完全同意”，好像是她在受审！

谢天谢地，法院进展得非常缓慢。

我暗自思量，与其花这么多时间在法庭上，还不如将时间用于取得适当的许可证，这岂不是一项更聪明的策略？所以我请求了所有教育部主任并启动了程序。终于，我拿到了许可证并将其呈现给法官，因此诉讼被撤销。当然，这件事迫使我去了解许可证和程序。如果教育部未对我提起诉讼，我相信在土耳其，像我这样的企业家能够提供的产品将被剥夺。土耳其有一句俗语：“一个坏邻居能使你成为一个房子的主人。”意思是不利的环境可能迫使你做一些你原本未打算做的事情，比如买一座新房子以逃脱不受欢迎的邻居。

通过在土耳其提供首个官方专业旅游经营者认证计划，我为教育部开辟了一个新的时代，直到那时，他们还有英语、电脑和缝纫方面的课程。

教育部的人既惊讶又怀疑。私人课程能培养人才到旅行社工作吗？如果可以，为什么以前没有人想到这一点呢？大学生能胜任这项工作吗？课程计划内容合适吗？

计划一经批准，Deulcom就能提供教育部验证的证书。

经历这次事件，我明白了让美国国家航空航天局（NASA）向太空发送火箭要比获得教育部对全新计划的批准还更容易。不过最终还是发生了！

虽然不得不处理所有这些官方程序是一件痛苦的事，但我确实得到了心灵上的平静。当我初次创立企业的时候，我担心竞争会涌现并迫使我与他们斗争，而不是适当的扩展业务。有了获取官方认证所需的一切程序和麻烦事，我确信没有人会愿意经受这一切，除非是绝对必须的，所以我相当自信，竞争不是问题，感谢官僚主义。

直至今日，我仍然深信，我被迫忍受的官方麻烦是公司成功的保障。

确实，二十年过去了，一切都没有改变：我仍然没有竞争对手。

下一项：空中乘务员课程

土耳其的民营航空公司刚刚起步，空中乘务员的需求量极大。土耳其航空公司是唯一建立了培训计划的机构，但这个计划只针对他们自己的空中乘务员。

我察觉了这一急需解决的市场缺口。我现在对如何着手使新项目获得教育部批准很在行。虽然过程令我感到厌烦，但我知道未成功考取大学的学生们会排着队来Deulcom上这门课。正如我所预料的那样，第一年就有3000名空中乘务员从伊斯坦布尔、伊兹密尔和安卡拉的Deulcom中心毕业。

所以，我24岁就成为土耳其开设教育部批准的空中乘务员课程的第一人。

当我在做这一切的同时，我也在努力应付我的大学课程。我已经把教育搁置了一段时间，将一些课程留给了以后的学期。同时，我也努力不服国家的义务兵役制。好几百人为我工作，但却无一人站在我身旁。我只能靠自己。那时，在部队服役十二个月对我来说意味着巨大的灾难。

还记得开除我的总经理吗？

在此期间，业务全速进展着，然后有一天，我接到了一个有趣的电话。

“我不知道您是否还记得我，阿尔屯塔斯先生。几年前我曾是您的经理。”

1988年，我曾经工作过的旅行社被卖给了一家旅游公司。旅游公司的新总经理打电话叫我到他的办公室，并告诉我公司没有适应与兼职大学生共事的系统。因此，他说他不得不解雇我。

五年后的现在，我在电话上听到的是同样的声音。

“我当然记得您啦！有什么可以帮助您吗？”

“我辞掉了工作，又听说了您的Deulcom企业。旅行社极度需要合格的票务人员，而我与日内瓦的国际航空运输协会（IATA）有良好的联系。我乐于帮助您将票务课程与IATA认证系统结合在一起。”

我之前的旅行社总经理就是这样成为Deulcom的总经理。介绍他时我会自豪地说：“他是我五年前的总经理，今天他仍然是。”

我仍是海峡大学的学生，不断地出现在媒体面前，他们是真的爱我。我拥有一辆宝马，一名司机，三家Deulcom分公司，成千上万的学生，等等。

空中乘务员学生的母亲经常过来查看女儿的课程成绩。我从来都是不厌其烦地告诉她们，这门课程会让她们的女儿多么成功。那些美好的日子啊！

迎娶“竞争对手”[1]的益处！

我反对员工在办公室吸烟，因为我通常都反对吸烟。我召集了所有员工来开会。大约有10人参加会议。我的总经理宣布，办公室内不再允许吸烟。

这造成了一个困难的局面，因为唯一会在办公室吸烟的人是销售经理，而且她一手包办了所有销售。她曾经为萨里贝先生工作，我将她带入了Deulcom。她对客户非常有说服力，很出色，每月都能取得巨大的销售业绩。她立即反驳道，如果禁止在办公室内吸烟，她会立刻离职。

随着时间的推移，每位企业家都会制定他或她自己的原则。你将在过程中了解自己。我明白自己不是唯一受到这种挑战的人。

“你可以带上你的东西然后离开。”我说。

她以为我本会让步。但她错了。她把自己逼到了墙角，所以她拿起包离开了。

我现在要做什么呢？我思量着。

我们处于注册中期，每天有超过50人来询问课程。我没有先前注册的记录，而我的销售经理刚刚因为一个愚蠢的原因辞职。

[1] 我妻子的名字是拉基比。拉基比的意思是“女性竞争者”。

我的身体一定是在艰难时期分泌着不同的荷尔蒙，我在心里暗想道。如果这位销售经理今天心脏病发作，从这个地球上消失了怎么办？

第二天早晨，我整天都在销售处，出售课程。

就在同一天的下午，两名年轻女性来询问空中乘务员课程的信息。我向她们解释课程时，其中一位女性问道："你有车吗？"

"有，怎么了？"

"我们在保险公司上班。这是我们汽车保险政策的相关信息。"

当我在努力向她们销售课程的同时，她们也在努力向我销售保险。听着听着，我开始了解到，她是一名很好的销售人员。

次日，我给她打了电话。

"您做好课程决定了吗？"

"还没有。"

"那您能考虑来Deulcom做我的销售经理吗？"

她在星期一开始做销售经理。她很聪明并且领会得很快。我无法告诉你，她给我减轻了多少负担。三个月后，我们成婚了。

现在她是阿拉若与爱达的母亲，也是Deulcom的首席执行官。她凭自己的力量经营公司。事实上，她接管公司使我有可能写下这本书、发表演讲和做社会项目。这全都归功于她。迎娶拉基比是我做过的最棒的决定！有时我仍然会想，如果会议上吸烟不成问题的话会怎么样?

寻找IATA批准的讲师

Deulcom的总经理动身前往瑞士联系IATA。后来，我们成为世界上首个IATA批准的培训中心。我们的证书在全世界都有效——除了在土耳其!

当Deulcom的总经理在瑞士和IATA打交道的时候，我则负责应付土耳其教育部。教育部针对此项目召开了特殊会议，因此土耳其首个票务专家课程得到了批准。根据IATA中心消息，Deulcom已成为世界上就业率最高的培训中心。

然而，我们和IATA经历了一个小小的障碍。我们能够满足他们所有的条件，但是课程必须由IATA认证讲师教授的要求除外。我们刊登几个星期的报纸广告，并咨询了所有国内外航空公司，最后下结论，国内一个IATA认证讲师也没有。

我取得了美国签证，并在迈阿密参加了一项为期15天的IATA课程，这课程技术上只接收曾为航空公司员工的票务专家。虽然Deulcom不是一家航空公司，但是IATA在我们的案例中破了一次例。我需要70分才能完成课程，90分可取得IATA讲师批准。我猜他们会认为，不管怎样我都无法得到90分，可能是因为我才25岁，或者他们认为我没有票务经验。而且考试自身被认为确实很难。

他们不知道的是，我在高三期间曾当过票务代理，那是在我开始当勤杂工的数周后。我未曾上过任何学习票务的课程；我是通过书本自学的。很复杂，确实，但是一旦你弄明白，就不是难事了。

来自20家航空公司的30名员工参加了迈阿密的课程。他们已经在这个岗位上工作多年，且大部分人的母语为英语。有趣的是，只有一人在期末考试中获得了100分。那就是我。

在土耳其的IATA课程中，我赚得了数百万美元。

我曾一度注意到了IATA计划的不足。虽然他们有全球系统，但是他们没有计算机模拟。我遇见了一位来自旧金山的程序员，他自称可根据我的描述编写程序。所以我跳上飞往旧金山的飞机，去同他讨论这个项目。又从旧金山飞往日内瓦，与IATA培训部门的高管们开会。他们钦佩我的首创精神和企业家精神。

我表明，他们可以与旧金山的程序员合作，而且Deulcom已准备好在土耳其试用计算机预订系统（CRS）模拟程序。我因此成为CRS培训系统的架构师，随后IATA会在全世界的所有协会中心运行该系统。作为奖励，一整年内，Deulcom都会在所有土耳其发行的IATA票上印刷广告。

所有的大门都会为乐观的人而开

我也在新加坡参加了IATA讲师课程，并成为土耳其为机场旅客服务的首位IATA认证讲师。之后，我便开始为机场训练人员。地面服务工作处于急需状态，尤其是机场旅客服务人员，所以我也开设了地面服务课程。

就像是我曾加入过教育部。在安卡拉，几乎每周都要为另一项新课程获取批准。他们喜欢我的公司，而且我发现了政府官员的一个弱点：你努力要做的事情并不重要；真正重要的是你是哪种人。他们接受我为一个钱包里几乎没有钱的大学生——然而，事实上是有的，但是人们无从知晓，我也没对任何人说。

而且，不管怎样，当时除讨人喜欢外，我所能做的并不多。起初，在那个法庭上我没有任何朋友，在教育部也不认识任何人，而且对政府规则也一无所知。我所做的就是想到如果显示出尊敬和耐心，我就能够在那种环境下成功。虽然在教育部，想做生意需要相当高的耐心，但是没有其他办法。你需要有圣人般的耐心，方可从官方获得结果。

有趣的是，虽然我平常做生意是一个没耐心的人，但是我发现如果情况需要，我能迅速地进入“圣人模式”。我变得非常擅长处理政府关系。我能够在三个月内完成大部分人两年内都无法完成的事情！

不要让教室闲置下来

我的一位教授是海峡大学教育学院的院长。在大四期间，我的一大困难就是实践教学。在大学最后一年，校领导必须为学生们寻找学校，以便他们能够在其领域内获得实践经验。

我在院长办公室拜访了他。“先生，我创立了一个培训中心。我们正为旅行社培训专业旅游经营者。我们也为航空公司开设了空中乘务员课程，并且我们已经成为IATA在土耳其的培训中心。如果我们开设由海峡大学认证的英语课程，我们的空中乘务员、旅游经营者、票务代理和旅客服务代理们将有机会学习正规英语，使他们更加容易找到工作。大学教室在周末空出，所以如果我们对其安排使用，而不让它们空置下来会怎样呢？外语教育学生的优势将会是，其中一些人可于周末时在校园中做实践教学。而且在此过程中，学院将对公众敞开大门。”

一周后，院长打电话叫我去他的办公室。“我已经和校长谈过。我们非常喜欢你的经营理念。把协议带来，以便我们可以向大学执行委员会做出正式的提案。”

Deulcom开始开设由教育学院验证的旅游英语课程。在一周的工作日内，我们的学生在Deulcom中心接受职业培训，而在周末，他们则参加大学的英语课程。该项目获得了教育部批准，海峡大学成为土耳其首个为旅游项目开发英语课程的大学。

这个项目持续了大约十年。在土耳其，这是州立大学与私人机构开展过的最长久的项目。这是大学终身教育中心起初阶段的灵感来源。大学的潜在能力就是通过向许多想要成为旅游专业人才的人打开大门而积极利用起来的。我感到我以这种方式对我的大学履行了职责。

1997年，我毕业于海峡大学，距离作为海峡大学的学生已经十年了。我带着我的小女儿阿拉若，那时她仅一岁，去参加我的毕业典礼。我大学时最美好的回忆之一就是，毕业的时候，我的一些老师不确定该叫我“拜巴尔”还是“阿尔屯塔斯先生”——很明显，我的年纪要大于班上所有学生，而且众所周知，我在商界的事业也已经很成功。我的大学生活就这样过去了。

土耳其空中乘务员的首次出口

后来，我为土耳其职业课程的就业服务起草的官方规定和指导方针文件获得了教育部的批准。持着土耳其最负盛名的英语大学颁布的英语证书和教育部批准的Deulcom职业培训资格，Deulcom毕业生现在可获得免费的就业支持。我为土耳其开发了一个全新的理念。这个模式受到了课程学员和类似企业的热情欢迎。事实上，所有毕业生都能在一毕业就开始新的工作。持着IATA证书，票务和旅客服务代理们也能在国外找到工作。

一天，我收到了一封来自一家外国航空公司的传真，上面写着：“我们想要采访空中乘务员职位的Deulcom毕业生。从现在开始，我们想要从土耳其而不是巴基斯坦寻找空中乘务员。”

我们的毕业生开始在国际航空公司工作，平均月薪为3000美元。有些人随后又带着工作中存下来的钱到美国的大学去继续学习。这样，土耳其开始出口空中乘务员。这个话题让媒体好几个月都忙得不可开交。当我们的毕业生在伊斯坦布尔中途停留的时候，媒体就会在机场迎接他们，而且会播到主要新闻节目上去。出口训练有素的员工确实是一个很有趣的主意。

创办土耳其旅行社协会（TURSAB）职业高中

我的电话响了。电话那头是土耳其旅行社协会会长。

“阿尔屯塔斯先生，我想与您安排一次会面。”

土耳其旅行社协会会长想和我见面。我不禁暗忖见面的缘由。

“阿尔屯塔斯先生，您在土耳其旅游培训方面取得了重大进展。我们想与您联合创办一所职业高中——土耳其旅行社协会职业高中。不知您意下如何？”

我知道创办一所职业高中并不能带来多少经济利益，所以我没有明确表态。我只是给出了一些建议。“我们可以考虑创办这所高中，同时，与土耳其旅行社协会合作开设票务和旅游从业者课程。”

随后，土耳其旅行社协会会长在一次新闻发布会上宣布：“我们一开始的目标是创办一所高中，但现在我们正与Deulcom展开合作！”我不太确定这是如何发生的，但既已如此，就让这对大家都有利吧。

土耳其旅行社协会会长是个思维敏捷、精力旺盛之人。他为人善良但并不天真：很明显他不愿遭受任何欺骗。对我而言，他是一个非常完美的生意伙伴。唯一的问题就是有时我无法理解他说的话，因为他的语速实在太快了。有时，在结束电话交谈之后，我发现我没听懂一句话。尽管如此，我们的项目还是顺利进展了两年。成千上万的应征者获得了TURSAB-Deulcom证书。

土耳其旅行社协会的成员机构优先考虑持我们学校证书的应征者。土耳其旅行社协会会长在各大电视频道上宣传培训项目。这是一次成功的合作。

在我与土耳其旅行社协会会长密切合作期间，我养成了一个好习惯。他只有在前往参加协议会议或接待会途中才会坐在汽车后座；其他时候，他会坐在司机旁边。我很欣赏这种谦虚的表现。当我坐在我的司机旁边时，我仍会想起他。

Deulcom成为一个国际品牌

接下来的几年里，我推出了一系列经教育局批准的全新课程：土耳其首个人力资源管理课程、首个行政助理课程、首个公共关系课程、首个航空管理课程，以及首个旅行社管理课程。

更多的成功随之而来。2004年的一项调查显示Deulcom是大多数人心仪的工作单位。1997年，我是教育界登广告最频繁之人。2005年，这家由大学生创办的公司——Deulcom荣获Eurowards发展最快欧洲品牌奖。西班牙投资者在土耳其成立Deulcom经销商，以高价购买品牌名称使用权。土耳其杂志《Ekonomist》将Deulcom列入土耳其高端经销商之列。

随着时间的流逝，我在土耳其和北塞浦路斯推出了更多品牌。此外，我创建了符合国际商法要求的特许经营体系。从那以后，我的目标不再是成立我自己的分公司，而是在全球而不仅仅是土耳其，成立112家Deulcom经销商。当我考虑我的女儿们最终能否像我一样成功经营这家企业时我便萌发了这一想法。

我为企业家和土耳其创建了全新的商业模式。这一模式的基本逻辑是：不要花费成千上万的美元创建你的公司。千万不要走上这条路，即使你有这笔钱。先从小规模开始，去了解你自己，了解你的事业能否成功，如果答案是肯定的，再扩大发展。这就是我使用的公式。我的条件不允许我使用任何其他公式。对于像我这样的小型初创企业，无需投入大量资金。我和我的足智多谋、销售能力和创业技能便是资本。

我相信在当今世界，将会涌现更多的潜在拜巴尔·阿尔屯塔斯的故事。我希望与崭露头角的企业家合作，为世界谱写更多的Deulcom传奇。如果你拥有非常杰出的销售能力，并且希望创办你自己的企业，无论你的年龄大小，请将你的简历发送给我，我的邮箱是：baltuntas@deulcom.com.tr。

最积极的职业介绍服务商

早在人力资源部成为土耳其日常商业活动一部分之前，我便已于1992年在土耳其植入职业培训和职业介绍的概念。

二十年前，早在今天土耳其的各家职业介绍所出现之前，我就在Deulcom推出免费就业指导中心模式。我的喜悦更多的来自于成功介绍工作的次数，而非培训项目所得收入。我经常在机场和飞机上被我们的毕业生问候。

我们为毕业生出版了土耳其第一本就业指导中心书籍。在这本书中，我们介绍了如何求职面试成功。随后，我们让学生们可以在公司网站获得该书。

石头变得更重

最终，我服兵役的日子到来了。让我告诉你那段时期我最喜欢的回忆。

有一天，我们中队的指挥官找我问话。他已经晋升到少校军衔，并且可以随时退役。他想问我他退役后创业能否成功。我对他说：“报告指挥官，石头能否变得更重取决于周围环境的重力。”我的意思是，作为军人，他的军衔提升是受政府规定保障的，但一旦他回到平民生活，他将失去这一组织的支持。他需要找到方法确保他自己的成功，这与为政府工作是完全不同的技能。

土耳其特许经营之父

Capital——土耳其最大的经济杂志之一，曾在一期中大篇幅报

道我的企业。我不仅被赞誉为土耳其特许经营之父，而且因按特许经营体系创办企业而备受称赞。我熟悉特许经营业的理论和实践，成为土耳其杰出的商人。

五、社会创业冒险的教训

我成为贝伊奥卢遗产协会的会长。还记得我对企业家的建议吗？——远离政治，但拉近与政客间的距离。我不得不说当我试图这么做的时候，我在贝伊奥卢把事情弄得一团糟。

独立大街是伊斯坦布尔最长的商业街，大约2公里长。它位于贝伊奥卢著名区域，拥有大约400家商铺，每天吸引上百万顾客。在奥斯曼帝国时期，贝伊奥卢是外交关系中心。所有外国大使馆都汇聚于此，当1923年土耳其共和国成立并设立安卡拉为新首都时，这些大使馆被转变为领事馆。今天，贝伊奥卢仍然是伊斯坦布尔的文化中心，历经200年不变。贝伊奥卢遗产协会的目的是为子孙后代保存该区域文化。

内夫扎特·阿亚兹当教育部长时我见过他。他担任了伊斯坦布尔多年的州长，是一名受人尊敬的政治家。有一天，他的助理打电话告诉我他和维塔利·哈高先生——土耳其最富有的人之一，想来拜访我。我有点吃惊，但我采取了观望的态度。他们来到我的办公室，我们一起喝茶（在土耳其，这是讨论正事前一项不成文要求），我们的谈话从一个话题跳到另一个话题，直到最终谈到贝伊奥卢遗产协会问题。该协会由维塔利·哈高创立，吸引了土耳其大多数有声望人士参加，并迅速成为该市上流社会的焦点。商业、艺术和娱乐界的杰出人物都曾经是该协会的成员。内夫扎特·阿亚兹也曾在维塔利·哈高的坚持下担任过该协会的会长。

“阿尔屯塔斯先生，协会的会员大会即将来临。我们想任命你为下一届会长。希望你能立刻准备你的董事会成员名单？”他们甚至没有询问我对此提议的意见。他们在将此任务强加给我。

这不是一项可以随意提供给任何人的工作。跟随维塔利·哈高和内夫扎特·阿亚兹的脚步将是我的无上光荣，而且我才年仅34岁，我将成为贝伊奥卢历史上最年轻的协会会长。这本身就是一种荣耀。

一个月后，我以贝伊奥卢遗产协会新会长的身份作出第一次演讲。

在贝伊奥卢市长和伊斯坦布尔市长间进退两难

没多久，我就在协会中注入新的活力。我宣布贝伊奥卢为土耳其品牌的露天博物馆，并因此项目受到政府的奖励。我前往伦敦，打算与牛津、摄政和债券街协会主任发表联合声明宣布贝伊奥卢的独立大街和牛津街是姐妹街道。我们委任AC尼尔森调查以关注贝伊奥卢面临的一些挑战，其中包括流落街头幼儿的人数。我邀请了研究流落街头儿童的土耳其议会研究委员会的成员。我们的提议是写入议会的官方记录中。同时，我组织展会和接待会，每次都邀请媒体参加。

在我即将成为该协会会长之前，这儿举行了地方选举，贝伊奥卢的前市长成为伊斯坦布尔大都会的市长。

新当选的贝伊奥卢市长具有旅游业背景和乐观进取的态度，非常适合这个职位。他非常希望能让贝伊奥卢活跃起来。我与他的关系很好。我们年龄相仿、理念相似。我们在他家或我家共度了很多时光。

伊斯坦布尔大都会的新市长曾是贝伊奥卢遗产协会的创始人之一。

有一天，在结束一次记者采访之后，新当选的贝伊奥卢市长就记录与记者闲聊，并对前贝伊奥卢市长（现伊斯坦布尔市长）作出评价。出人意料的是，那名记者在她的报道中引入了那段私人聊天，这引起了两位市长间极大的裂痕。新当选的贝伊奥卢市长勃然大怒；他只是自身缺乏应对媒体经验的受害者。

有一天早上，我的一位在独立大街开店的朋友打电话给我。店主们将游行抗议在独立大街建设街道和人行道。雨季已经开始了，道路变得非常泥泞，这对他们的生意冲击很大。

该项施工是由伊斯坦布尔市政负责的。我知道两位市长间关系非常紧张，因此我拨打伊斯坦布尔市长手机。“店主们打算关闭店铺，并游行抗议这场混乱，你觉得我们与他们进行一次会谈如何？他们看到你可能会有所软化。”

“拜巴尔，明天来趟市政厅，我们谈一谈。”

第二天早上，我与伊斯坦布尔市长、伊斯坦布尔大都会市政秘书长和伊斯坦布尔州长见面。正如我所料，伊斯坦布尔市长没有邀请贝伊奥卢市长参加会议。

为了安抚店主们，我决定回到办公室后写一封有关今早会议的公开信，并影印、分发给所有店主。我的目的是告诉大家贝伊奥卢遗产协会是不会坐视不管的；它正在为大家努力，人们应该耐心等待。“市长已承诺将妥善处理这一问题”，我在我的公告中向大家保证。作为新任协会会长，我也希望确保得到这些商人的支持，并且我真心希望能得到他们的赞赏。

我太在意赞赏了！更别提获得店主或市长的赞赏。除了对两位市长犯下大错，我什么也没做成！第二天一早，贝伊奥卢市长非常生气地打电话给我。“拜巴尔，祝贺你写的信。”他开口道。

同天下午，与伊斯坦布尔市长的通话也以相同方式进行。他也非常生气。“这封信从哪儿来的？我从政三十年了，从未受过这等耻辱！”结果就是我失去了两位重要人士的信任，我曾与他们的关系非常要好。建立关系并不容易，并且它们很容易由于经验不足而被破坏，正如此例。我成功冒犯了我作为贝伊奥卢遗产协会会长开展工作所需的两个关键人物。

协会会员大会来临了。我们的会员们一个接一个地到达会议厅。这次会议比之前的会员大会更拥挤。我注意到前排的座位几乎全被伊斯坦布尔市长的密友所坐。不难理解，到我为之前行为付出代价的时候了。

在我担任贝伊奥卢遗产协会会长期间，有许多有趣的经历。有一天，协会会员中一位名流提醒我小心。我完全不知道他是什么意思。在一次接待会开场前，我与一名著名女演员进行了一次长时间谈话。之后，另一名会员告诉我，作为协会会长，我需要与周围所有人保持相同距离。从此以后，我感到我仿佛需要在出席接待会之前在口袋中装一块秒表。

六、《龙穴之龙》

客人吃的是提供给他的食物，而不是他所期待的食物。

——拜巴尔·阿尔屯塔斯

我曾饶有兴趣地观看英国广播公司（BBC）的《龙穴之龙》。这一节目在世界各地具有各种不同的名称：在美国叫《创智赢家》，在日本叫《招财虎》，在俄罗斯叫《基金》。该节目由索尼影视电视公司在22个国家制作，在全世界具有评级记录。它已经播出七年了，每年都是英国广播公司第2频道最受欢迎的电视节目。它几乎将所有的企业家都锁定在电视机前。全世界的企业家都关注这一节目，不仅在英国、加拿大、美国如此，而且在其他20多个国家中也是如此。在节目中，五名被称为龙的天使投资者倾听企业家的商业理念，如果他们在基本条款上达成一致，他们将会投资。

“天使投资”概念在许多国家是一个全新的理念，其中包括土耳其。我受到土耳其索尼影视电视公司的合伙人的邀请，参加土耳其的《龙穴之龙》。说实话，我对受邀感到非常吃惊，其他受邀者也是如此。节目制作人已经做过市场调查，以发现引领他们各自行业并准备投资的成功企业家。

确定“龙”的最重要标准是他们的创业成功应归功于他们自身努力而不是来源于他们父母的财富。我是一个完美的候选人。

我是土耳其职业培训领域的引领者，是一个白手起家的大富豪。他们告诉我，如果我想在世界创业生态系统具有影响力，那么我必须接受这个邀请。

我们没有任何酬劳；他们只是给我们提供一个平台，让我们能够听到企业家们推销他们的商业理念，以获取投资。对“龙”而言，该节目的两大好处就是媒体曝光率和投资潜在好项目的机会，假设具有鉴定合适企业家和项目的能力的话。

当我到访其他国家并提到我是土耳其《龙穴之龙》的五龙之一时，他们马上明白我是做什么的。如果他们询问我的投资和商业策略，我会鼓励他们读我的书。

在《龙穴之龙》节目中，我们在演播室与企业家第一次见面。第一季中，我们从早上7：30分开始拍摄，并且经常拍摄到晚上8：00。我们每天听10名企业家的商业理念，这一般花费我们至少10小时。然而，由于每个新来的企业家都带来一个全新的规划理念，我们重新恢复体力检查每个新案例。这累不累？不，我们不累！

每个企业家都觉得参与《龙穴之龙》节目是一次收获之旅。比方说我，作为一名《龙穴之龙》的“龙”，儿时起就发现对某一问题的答案让我的头脑很忙。有两名重要的歌手，都是全国知名歌手，总是位于榜单首位。媒体总是报道他们一直不和。我完全无法理解他们的争执，并且好奇他们为什么无法好好相处。答案就是：竞争促使了不和。当我开始参加《龙穴之龙》，我理解到竞争能够如何影响高层决策人士之间的关系。这也发生在企业家和“龙”之间。

节目中不是一切都进展顺利的。每个企业家都带着伟大梦想和期待参加节目，但只有少数人可以带着投资走出演播室。

《龙穴之龙》成为形成创业和天使投资观念的审判地。甚至对我而言，因为这一节目变得如此受欢迎都是一大惊喜。第二季开始播出的时候，停车场服务员不再向我收费；报刊亭店主会在我经过时给我一杯茶，并大喊，“我们的‘龙’来了”；出租车司机会坚持与我合照。甚至我幼儿园时候的朋友都在社交媒体上找到我，我开始收到上千份好友请求。这些都表明这一节目非常受欢迎，并且注定将更受欢迎。

第二季播出后，我收到了几乎土耳其所有大学生俱乐部的邀请。我的人生故事成为鼓舞大学生的源泉。一个与他们并无二致的大学生，口袋里只有400美元，却成为世界上110位“龙”之一，并引起了他所在国家所有大学生的关注。我投资学生企业家的想法应该也有一定影响。

我们是否真的投资了这些企业家？

这个节目有太多方面让我喜欢，以至于我并不在意那些消极方面。我们需要经常看到杯子是半满的。聪明的企业家从不关注空的部分。

在这一章节，我将回答我在社交媒体上经常被问到的有关我在《龙穴之龙》中经历的问题。

第一个问题是我们是否是在演播室被初次引荐给企业家和接触他们的项目。答案是肯定的。在我们在演播室遇见之前，我们甚至从未见过他们。事实上，甚至他们在路演中呈现的文件和样品都被盖上黑布，以防提供任何一丝细微线索。为确保隔离我们，企业家们从一个单独入口进入演播室。因此，每次新企业家入场时，我都会和他们一样激动。

另一个问题：一旦我们离开演播室，我们是否真的与之前达成协议的企业家推出新项目？我只能代表我自己回答这个问题：是的，我会坐下来与他们沟通并立即启动程序。

我在《龙穴之龙》中最大的失败

不幸的是，我最大的失败中有一些是由于在节目中的投资。我与其他“龙”之间的联合投资是我一生中最大的失败。我曾认为如果五位“龙”联手，我们将能够比单打独斗创造更多，但事实恰恰相反。这让我感到很吃惊。

然而，这些失败让我明白，做生意有多种方法，不幸的是，当你试图结合不同商业策略时，你可能无法达成预期结果。

例如，我们投资了一款在保温保鲜性能和时间上都优于传统盒子的披萨盒。我们都认为这是个不错的创业想法，并且提出创意的企业家是让我们想投资的人。这套系统中有化学元素，这名企业家是个化学家，所以他具有合适的化学背景。所有五位“龙”共同投资了这个项目。但与其他“龙”和企业家的第一次董事会议时，我坚持我的商业策略——“先赚钱，再投资”。有一家大型披萨公司可能预订100万个披萨盒，但我坚持先完成这个潜在订单。其他“龙”则坚持先建立工厂，然后再完成订单。然而，由于未确定该订单，我拒绝投入生产。因为原则上的冲突，我决定不再与其他“龙”一起跟进这个项目，并宣布退出。不幸的是，6~7个月后，因为未实现该订单，他们关闭了工厂。

这并不是《龙穴之龙》中的唯一失败。还有一次，我投资了一个社交媒体网站，但我们无法就如何设立董事会或甚至如何经营达成一致。我总是关注于我认为是临界点的事情，如果其他人没有看到那些临界点，我会告诉他们。我不会改变我的想法。我非常清楚地看到方法，但当五位“龙”一起投资时，他们都认为他或她的方法是最简单、最赚钱、最成功的方法。有时，那些方法是互相冲突的。这一次，我无法同意营销策略，所以我不得不再一次退出。

我没有在这些投资中损失金钱，但我浪费了时间。我的人生无法承受浪费任何时间。年轻时我花了不少时间学习如何在商业世界中运作。现在，我的时间更加宝贵，所以，即使我没有损失钱财，无法与其他“龙”一起合作对我来说也是一种失败。

观众的抗议

我是世界上唯一一位要求公司60%股份的“龙”，许多人认为这超过了合理比例。我要求60%股份的策略是这样的：第一年，企业家说他将赚100万美元，第二年赚200万美元。如果一名企业家这样说，没问题，因为这是他的生意。但作为投资者，这也是我的生意。如果，比方说一件产品要求新型化学处理方法，且我的企业家是一名化学家，他自然能够更好地把握产品。所以我告诉他，如果他能在第一年赚到100万美元的营业额，并且实现20万美元的利润，我就将我的股份的10%免费赠与他。这是一种激励。如果达到第二年的数据，我将免费返还我的股份的另一个10%。我最终可能会将我的股份减少到20%。

《龙穴之龙》的观众对我的提议不能理解的一点是，如果公司失败了，我所承担的风险更大，而企业家所承担的风险要小很多。我准备承担公司60%的风险，而企业家只需承担40%。

一般情况是天使投资者承担20%的风险，而企业家承担80%的风险，但如果公司失败了，企业家要承担费用的80%。由于我独特的激励机制，绝大部分的风险落在了我的肩上，这大大免去了企业家的风险。这就是我投资时要求60%股份的原因。如果我只要求20%的股份，我就没有足够的股份作为激励手段。如果我只要求20%的股份，企业家就要承担大部分的风险，他会承受非常大的压力。

第二季时我不得不放弃我的特别激励策略，因为观众和企业家无法理解我要求60%股份背后的逻辑。在第二季节目中，我最多要求40%的股份。

《龙穴之龙》的座位表

演出的第一天，我们进行一次试播。节目邀请了一位伦敦的专家来分享他在英国广播公司（BBC）的《龙穴之龙》的经验。试播节目中，我坐在右边的第二张椅子上，但后来我被调换到右边的第五张椅子上，事实证明这个位置更有优势。首先，我能够看到并解读其他“龙”的面部，并且，由于访问顺序是从右到左，我有更多时间通过他们对其他“龙”的问题的回答评估企业家的计划。后来，机制和访问顺序发生了变化，所以我在后面几集中失去了我的最初优势。

人们倾向于认为最重要的“龙”坐在中间。事实上并非如此。所有“龙”的地位都是平等的。企业家试图从“龙”身上获取投资，而“龙”试图为他们的企业打造国际知名度。这就形成了

“龙”之间心照不宣的竞争。显然每个人都对座位表非常感兴趣，包括我也是，但第二季之后，再也没有人在意。那是因为我们了解到身体的位置并不重要。相反，“龙”提问的类型、他们接近企业家的方式以及他们评价商业计划的方式比我们的座位更重要。我们不再担心哪个是最佳座位，每个人都以他或她自己的方式进行。

“龙”的审美

日常生活中，如果我穿一件夹克，即使没有领带，我也会配一块颜色与我的衬衫或夹克搭配的手帕。我不想在演出中尝试新穿法。我想表现我的固定风格，所以我选择我平时穿戴的颜色，比如深色手帕和深蓝色夹克。电影工作人员没有提出时尚建议。我们被告知穿戴我们平时工作时穿的衣服。

《龙穴之龙》是世界上最真实的真人秀。有时，企业家们太紧张了，导致我也跟着他们开始感到压力。如果我提出比较难的问题，他们可能会更焦虑，我担心他们可能会在我们面前崩溃！我一般会留意企业家的自然表现，并且我不得不承认，第一季的企业家没有后来的企业家幸运。首先，第一季的企业家对“龙”毫不了解，不知道我们可能会问什么问题，也不知道我们会采取什么方式。

但在播出第一季后，新来的企业家了解我们的策略。他们可以预测到一些有关营销策略的问题。当然，这是他们的优势。但即使在播出第一季节目后，参加节目的企业家们还是会犯他们的前辈在上一季中所犯的错误。

他们中有些人不注意商业计划中的数据。当我进行计算时，我会发现我的计算结果与他们所显示的计算结果有所不同。这让我感到非常苦恼，因为有成千上万的企业家为了争取投资而报名参加节目。他们需要在上场前仔细评估他们的商业理念。面对“龙”的每一分钟都是非常宝贵的。他们需要基本记住他们带来演播室的文件，以便他们不会犯简单错误。不幸的是，当我发现企业家们没有对他们带来演播室的材料足够重视时，我会让他们知道我的愤怒。数以千计渴望参加节目的企业家都准备充分，让尚未准备好的企业家入围对他们而言是不公平的。我从未有机会向天使投资者的专家组推销我的商业理念，学习他们的经验，并得到他们的建议。在我们那个时代，没有天使投资系统，也没有《龙穴之龙》。如果当时有的话，我可能是第一个报名参加的。

向“龙”推销并得到否定答复并不是故事的结局。正如我在上文说过，我也曾向一位著名的商人推销我的Deulcom商业理念，他告诉我这个理念不会成功。但事实上，它成功了。当企业家表现得就像“龙”不知道他们在说什么时，我会非常生气。有时，他们表现的就像我们不曾成功创建过企业一样。我们知道如何推销。我们知道你正在推销你的理念，并且它是个忽略劣势的营销策略。我们知道这点，当我们提问时，我们在寻找我们觉得他们隐瞒的信息。

当企业家们夸大他们的销售能力时，他们从不能在我这里得分。企业家本应具有销售能力，但如果他们夸大或试图掩盖数据，我会立即喊停。

我退出！

寻求投资的项目中有一个基于计算机的象棋游戏。这个理念很好，企业家也很聪明。不幸的是，他在演播室呈现的大部分数据都是错误的。有太多的简单计算错误，我开始觉得自己是他的秘书，总要检查并改正他的数据。我很快就厌倦了这样的情况。他对他所做的事并不注意，而我只能猜测事情的进展，所以我不得不退出。

当然，还有其他企业家也是如此。比方说，有一对双胞胎兄弟参加节目。生意伙伴是一对双胞胎会有多么不同，我从不知道。投资者们对性格非常感兴趣，这在他们投资决定中发挥了一定作用。双胞胎中一人的口才很好，向我们概述了商业理念，另一人却略具攻击性并非常健谈。他试图阻止我们提问并且对我们想问的问题不做回应。他一开始就告诉我们，我们不需要提问，因为即使我们不问，他也能回答我们想问的全部问题。因此，我挑战他回答我没有问的问题。他滔滔不绝地说了15分钟，之后我直接宣布退出；他没有回答任何我想问的问题。我怎能与这样的企业家一起运行董事会？我怎能与他分享我的经验？如果他没有开口说话，只让他的兄弟说话，我可能会投资他们的项目。

性格与企业家

企业家需要采用透明的方法，并让天使投资者相信他没有任何隐瞒。我们需要信任我们的企业家，我们的企业家也需要信任我们。如果你觉得一名企业家正试图夸大他或她的职位，或太过努力地推销一个理念，这就将亮起红灯。

一般企业家也会有这样的印象，当“龙”投资时，这些投资资金将会直接进入他们的口袋。我曾同意投资一个纸砖项目，当我们第一次会见时，那名企业家问我他什么时候能收到投资资金，因为他想用于他的一些个人计划。当他得知钱不会直接进入他的口袋而是进入公司账户时，他感到非常失望。我想我不是唯一一位经历过这种问题的“龙”。所以为了不再遇到这样的情况，投资前，我会询问企业家打算把钱用在哪里。那个问题只是温柔提示他们，投资资金并不属于他们个人，而是属于公司。

对我而言，了解企业家们对他们公司价值的判断也是非常有趣和重要的。为什么他们会问，比如，20万美元的资金，20%投入公司？他们是如何得出这一数据？有些人能给出详细回答，然而其他人只有一个模糊的概念，只能回答说他们觉得他们所要的金额足以发展公司。然后我会问，投资资金用于营销、生产和工资的比例。当我试图了解资金的去向时，我也在试图了解企业家会不会给自己开工资。对于一些企业家，几乎一半的投资资金都用于支付工资。

所以，如果实际上只有一半的投资用于发展公司，那么前景会大有改变。因此，确认企业家打算如何利用投资资金是非常重要的。

与企业家握手

一旦我同意投资《龙穴之龙》的项目，我会立即签署一份理解备忘录。我不想浪费我和企业家的时间。我的秘书会邀请他们第二天来我的办公室。我会请我的律师拟定一份正式的谅解书，在其中表达我对该公司的理解，以及投资资金的使用计划。我们会阐明在演播室讨论的一切事宜，以及由此延伸的事项。我想我是唯一一位第二天就做这些的“龙”。

在这些第一次会见中，我几乎总是发现企业家误解或曲解了我们在节目中讨论的大部分事项。一部分原因是因为他们在节目中太兴奋了，以至于他们无法理解所有事情。有时他们甚至会请我重申我对他们公司的期望。我对一家新公司的期望是什么，当然是一个明确的退出策略和发展公司的清晰理念，以及所需时间。但首先，我们将如何测试你在演播室路演时做出的承诺？那就是，我们将如何通过尽职调查阶段。

巨大的“惊喜”

《龙穴之龙》从不缺乏”惊喜”。比如，让我们重新回顾我刚才提到的纸砖项目。我在尽职调查阶段发现了一些令人吃惊的信息。这名企业家是一位50多岁的化学家，我相信他的专业。我们制订了一个商业计划。我们打算利用再生纸生产砖块。这种砖块便宜并可以替代全世界都在使用的更贵的黏土砖。它将对建筑行业产生巨大影响，并将成为一个收益可观的项目。根据我的计算，它本可以在极短时间内创造超过10亿美元的价值。更为重要的是，这个项目本可以为全世界低收入住宅发展作出贡献，所以对我而言，它不仅仅是一项投资，也是一种社会责任。

那位企业家并没有请大学验证砖块，因为他无法承担验证程序和相关试验的费用。我向他保证我会解决那笔费用。在我继续投资之前，我需要砖块获得科学批准与验证，以确信它能起作用并符合行业标准。他告诉我他会在15天内获得证书，但3个月后，我仍在等待那份报告。我不得不亲自拜访那所大学的校长并完成必要试验。报告结果非常积极。因为这是一份科学报告，我不理解其中的数据，所以我相信我的企业家。他告诉我那是一份很好的报告，一切都没问题，所以我们发布了一个新闻发布会，宣布我们将开设一家工厂。我意识到创建工厂的投资超过他之前要求的投资，但如果那份报告是可靠的，我会非常乐意投入额外金额，而不要求更高比例的股份。

之后，我接到安卡拉一家控股公司执行总裁的电话，他拥有世界第五大砖厂。他希望他的公司能成为我们公司的股东，并在他们的工厂生产纸砖。他邀请我们去安卡拉参观他们的工厂。我同意了，他请我带上报告和样品砖。在那里，我们见到了大约15位科学家，他们请我们留下样品砖以便他们的科学家试验。

第二天早上，执行总裁发来邮件表示砖块浸水后两小时便溶解了！我们早期的报告并不包括砖块耐水性的相关数据。我立即打电话给我的企业家，查明为什么报告中没有耐水性测试结果。他的解释却是大学忘记进行那项测试。我提醒他曾对一切都没问题的声称，并且我曾信任他作为科学家的专业。然后他建议采用一些化学处理使砖块防水。使用化学处理使砖块防水的问题在于，它们就不再是标准黏土砖的廉价替代品；事实上，它们甚至更贵。我挂断电话，再也不理会他。

我在《龙穴之龙》中的投资

以下是我与企业家在《龙穴之龙》演播室中达成的投资清单。如果你想知道那些投资都发展怎么样了，我是否成功了，我将在我的下一本书《我在龙穴之中的投资》中告诉你。

我与企业家在《龙穴之龙》中达成的投资清单

序号	项目	份额（%）	交易数额（万美元）
1	利用废纸生产砖块	55	10
2	普拉提学院	37.5	5
3	社会媒体	12	2
4	番茄籽	30	35
5	大学生旅行社	40	10

续表

序号	项目	份额（%）	交易数额（万美元）
6	食品盒的湿度技术	12	5
7	自动溜冰场	40	7
8	生发洗发水	30	14
9	旅行网站	40	10
10	考试用书出版	50	4

轮到你了！

一、运气、命运还是宿命?

企业家有三个最喜欢的数字：7–24–365。

——拜巴尔·阿尔屯塔斯

在晴朗的星期天早餐，在图书馆随意拿起一本杂志就导致土耳其特许经营协会的创建，以及在此之前的Deulcom国际的创立。在那个晴朗的早餐，如果我从书架底部而不是从顶部拿起一本杂志，我现在会不会在学校教英语?

这有一个问题，并且对它的回答极其重要：创业精神是天生的还是后天习得的? 是天生的，每个人生来都是企业家。然而，既然有些人失去了这项能力，为他们开设创业课程就非常有益了。这些课程的目的是帮助人们重获他们的创业精神。

如果你问我的话，我会说每个人都有与生俱来的创业潜力。每个降临到世上的孩子都可被称为“小拜巴尔”。由于他们所处的环境或身边的榜样，一些人成为企业家，而其他人则失去了他们的创业能力。个人期望与环境因素可以刺激或扼杀他们的创业潜力。

我曾以最高分通过著名的Kuleli军事高中的入学考试。如果我没有因为完全无害的先天性健康状况而被淘汰，我现在是否可能成为拜巴尔·阿尔屯塔斯上校？

1992年，我已经成立了Deulcom并赚了不少钱。我记得当我第一次填写支票时，我遇到了困难。我不得不请银行经理帮我。我希望我曾上过相关课程，这样我就不会在经理面前表现得如此缺乏经验。

为你免除煎熬的创业培训

在安纳托利亚的偏远地区，有这样一群理发师：在没有训练有素的牙医的情况下，他们承担了理发以外的服务项目，以飨顾客。他们能在几秒钟内将一颗牙从牙根处拔出来，但你的伤口将血流如注，疼痛万分，并且一个月后你才能重新开始吃东西。当你请专业的牙医为你拔牙时，他会将止痛药注射进你的牙龈，这样，拔牙时你便不会感觉疼痛，也不会流血，半个小时之内你就能进食了。一个月后，两种拔牙方式的结果是一样的，但是第一种方法会带来不必要的痛苦。创业培训就可免除你的痛苦和煎熬。

在我那个年代，还没有创业培训这种东西。在Deulcom成立十年后，我才学会应当如何制订一项商业计划。虽然如果我参加了创业培训，我如今的生活也不会有太大改变，但我就不会将宝贵的时间和金钱浪费在学习什么该做、什么不该做上面了。

有一件事情我得说清楚：创业培训并不会使你成为一名企业家。但创业培训可以令学习的过程更加顺利，并帮你少犯不必要的错误。

请记住，我相信是否能嗅出正确的商机取决于你的天赋，是学不到的，但你当然可以开发这种能力。

正因如此，我无法将一个坐拥百万美元家财的人当成一名真正的企业家。

假如有一个住在如猪圈般肮脏的房屋内的人，当你向他问起这股恶臭味时，他会这样回应你：“什么臭味？”由于他的一生就在这股臭味中度过，他已经对臭味不再敏感了。对于生长在富贵之家的人来说，道理也是一样的。由于他们一直很有钱，所以他们便闻不到金钱的味道了。

因此我根本就不会向生来富贵的朋友打听他们对于一项新生意是否有可能会获得成功有何意见，因为他们根本就不能理解。如果一个普通人表示“非常好”，而那些和我一样从零开始的朋友们对这个项目表示认可，我就已经完成了很多市场调查。当然，凡事总有例外。

在进行过市场调查后，我便会制订我的商业计划，并肯定会连带着制作出未来的预算。然而，我已经观察到很多新晋企业家在进行市场调查时，手中拿着计算器，笔记本电脑里用着电子数据表。你是否应该首先试着了解一下，这个经营理念在现实世界中是否能够行得通呢？我在创立Deulcom的时候，有过商业计划吗？那时我有任何销售预算吗？我一开始有什么？

咨询富人：真的是浪费时间吗？

咨询那些生而富贵的人常常是没用的。若有可能，找到首先积累财富的那一代人咨询，那可能是一个家庭中的父母或祖父母辈。

金钱的转移就像心脏移植手术一样。你的客户为你积累了资本。每个人都能成为医生，但并不是所有医生都能做心脏手术。研究一下成功将第一桶金从客户口袋里转移到公司保险箱里的人吧。听他们说话的时候一定要全神贯注，要付出你现在看这本书的专注力。

在欧盟国家，基本原则是注意小生意和小创业家。

这非常重要，因为经营小生意和小企业是那些从零开始的人非常重大的一步。创业者的重要性越来越为人所理解。

这个网址对于企业家而言非常重要：www.world- entrepreneurship-forum.com，请访问此网站。

知者有责任教导他人

作为一个知者和教师，我创立了拜巴尔・阿尔屯塔斯创业学院，旨在将我从经验中汲取的知识传授给未来的拜巴尔・阿尔屯塔斯们。在拜巴尔・阿尔屯塔斯创业学院，我的目标是按照“知者有责任教导他人”的原则，与创业者合作。

登录www.baybarsaltuntas.com/eng，关注学院的动态。

总结一下：生来富有的人通常不会成为好企业家，因为他们不像生来并不富裕的人那样擅长于发现商机。他们可能会成为很好的投资者或专业的高管，但是成为企业主的挑战对他们而言十分巨大。我不知道这是他们的幸运，还是他们的不幸。

若不迈出第一步，便永远不能到达终点

只有沿着通往目标的正确道路启程，你才能实现自己的目标。无论你想制订多少商业计划，都可以去制订，并通过必要的渠道令你的计划获得认可；然后就可以计算你未来五年的收益了。但这些都是徒劳无功。当你甚至都不确定明天是否还活着的时候，又怎么能确定未来五年内能赚多少钱呢？

当然，保险起见，你还是必须要做这些事情，而且一定要将所有问题向神倾诉。

我已经向你们描述过我是怎么做到这件事情的：通过用我口袋里的400美元进行投资，我试着创造一个机会，希望将月收入从标准的500美元增加到1000美元。结果那个月我最终赚了95000美元，而不是我当初想要的1000美元！因此你真正需要做的并不仅仅是制作电子表格。你真正需要做的是获知如何找到好出路，并正确评估必须失去的东西。

作为对比，先看看那些为月薪而工作的员工——如果工资发晚了两天，就濒临崩溃的人。他们不需要承担任何风险，只要每周工作一定时数及日数，就能得到收入。没有任何风险。将他们的情况与创业者的情况相比较。

创业者产生商业想法，然后将其变成一门生意，并创造出更多的工作机会。他们为本国同胞和全世界的其他人提供解决问题的办法，提高他们自己的生活质量及全社会的总体生活质量。他们承担了所有风险，并使他们的家人也处于风险之中。然后他们就只能这样想："除去所有开支——工资、租金、电费、水费等，如果还有剩下什么的话，我就满足了。如果什么都没给我剩下，那下个月就得再仔细考虑一下风险了。"

现在请你扪心自问一下，告诉我：这两种人是一样的吗？一边是不承担任何风险、由其他人照管的人；另一边则是照管着别人，并承担一切风险的人。

我认为应该为所有妥善经营、未成为他人负担的企业家颁发荣誉勋章。我认为应该有人出于尊敬，来亲吻这些人的手；我也相信不仅在现世，而且在死后的生活中，他们都将获得特别的奖励。

我在一所大学进行演讲后，一名戴伊斯兰头巾的女学生问了我这个问题："阿尔屯塔斯先生，你在演讲中提到创业对于社会发展的重要性，以及成立企业和创造就业机会的种种好处。我想要创业，但是当我回家的时候，我父母一直在说我人生的头等大事就是毕业，然后嫁人，然后照顾的我的孩子们，只有当孩子都长大后我才能去创业。所以在这种情况下，我怎样才能将你在这里告诉我们的一切付诸实践呢？”

这个问题非常好。这也是在以穆斯林为主的国家，许多想要成为创业者的女性会问的问题。据全球创业观察认定，在穆斯林国家，女企业家所占比例显著低于欧洲或美国女企业家所占比例。

在他或她经商的时候，创业者有可能会很紧张。一切并不总是按计划进行的。也并没有事事永远完美无缺的必要。有时候事情会变得复杂起来。

商业计划中可能出现错误。你可能由于经验不足而犯错。为你工作的人也有可能会犯错。总体经济可能会跳水，昨天卖得很好的产品今天可能就没有市场了。

因为我了解创业者面临的艰辛，也了解创业者们有多么杰出。创业者在面对艰难的时候，必须要有耐心。

无懈可击地完成你的任务，然后等待命运降临

在我的一生中，我曾经遇见和认识过非常多创业者。有一些创业者曾经与我谈过他们经商的方式。

“这跟运气没有关系。我肯定会做出一个好计划，绝对会成功的。”很多有这种心态的创业者最后都破产了。

因此，我说：“创业者确实应该无懈可击地完成落到他们怀里

的一切，接着他们就应当知道该说‘现在，让命运来决定成功的程度吧。’”

在这之后，他应当对结果保持镇定自持、波澜不惊。无论最终结果如何，他都应当开始考虑下一步。万事万物皆有其理由，每件坏事背后也有充足的理由！因此，我认为对事情大喜大悲是不理性的表现。

二、让天使投资人快速为你的想法融资

你的计划需要我和我的资金。如果你只需要融资，你所需的就是一名投资人。但是如果你需要技术指导支持、人脉和导师来为你指路，除了融资以外，你所需的是一名“天使投资人”。

对于全世界的创业者来说，主要的挑战是融资。银行一般不会贷款给创业者，帮他们创建新企业，所以有生意想法的创业者可能会走投无路。

一种新系统正在快速发展：天使投资人系统。有了这一系统，有抱负的创业者就有了与富裕、有影响力的投资人接触的机会，投资人不仅可以向创业者提供资金，也可以提供开公司的建议。

天使投资人系统1978年初创于美国，在欧洲和远东的发展也十分迅速。在美国，共有250000名天使投资人，共向初创企业投资200亿美元；在欧洲，共有75000名天使投资人，投资额达51亿欧元。

2010年12月，我创建了土耳其商业天使协会，旨在帮助想成为创业者的人接触潜在投资者，并把他们介绍给商业世界。在我以一

名创业导师的身份，受邀出席过许多非政府组织会议、访问过许多大学后，开创了这个协会。他们强烈要求我帮忙想出一种办法，来解决创业者的问题。

投资天使在美国的代表为天使资本协会（ACA，www.angelcapitalassociation.org），在欧洲由总部位于布鲁塞尔的欧洲商业天使网络（EBAN，www.eban.org）代表。这两个组织都隶属于世界投资天使联盟（WBAA，www.wbaa.biz）旗下。对于每一个国家，世界投资天使联盟只接受一名代表国家的正式会员。每位国家代表在世界投资天使联盟的全体大会上有一票投票权。

土耳其投资天使协会（www.melekyatirimcilardernegi.org）由我担任主席，在世界投资天使联盟代表土耳其。

2012年4月，土耳其投资天使协会成为欧洲商业天使网络的理事。作为土耳其投资天使联盟的主席，我有幸能与另外75000名欧洲商业天使网络的天使投资人一道，通过欧洲商业天使网络跟进欧洲的最新发展动态。

于华盛顿特区举办，由贝拉克·奥巴马总统倡导的创业峰会大大推动了全世界天使投资人系统的发展。事实上，在峰会闭幕时，一名天使投资人被任命为全球创业计划（GEP）的负责人。

土耳其已经有了天使投资系统，但是土耳其版的龙穴之龙在彭博HT频道播放后，像在其他国家一样大受欢迎，成功获得了广大群众的关注。同在美国、欧盟和远东一样，龙穴为怀揣生意想法、想找到获取融资的实践方法的创业者打开了一条全新的途径。

截至20世纪90年代，创业者只能依靠两种方法筹资。第一种方法是将钱存进高利率的银行账户，第二种方法是模仿其他创业者的产品或经营理念，而不进行创新。接着，随着特许经营体系的建立，创业者有了第三种选择，这种方法使购买特许经营权进行经营成为可能，且可通过推销一个已获认可的品牌将风险降至最低。

《龙穴之龙》于2011年首次播放，向土耳其的创业者介绍了另一种商业模式。创业者将与一群天使投资人接触，并向他们进行推销；如果成功了，创业者就会与天使投资人签订协议，开始经商。

到目前为止，欧洲的大部分合作协议都已通过风险投资体系得到实现。虽然风险投资体系与天使投资系统相似，但是二者之间存在着基本差异。

考虑到这些基本因素，你就会明白：在当今世界，我们真正需要的是天使投资人。

投资额在50万美元到300万美元之间的投资属于一个被称为“融资间隙”的灰色区域。这一范围被称作迷你风险投资带（mini VC），既不是风险投资人通常会投资的范围，也不是天使投资人通常投资的范围。我的个人建议是：你可以在制订你的商业计划时考虑这个间隙。

一些市场研究者表示，美国每12个人中就有1人、欧洲每35人中就有1人、英国每47人中就有1人、芬兰每67人中就有1人渴望开创自己的事业。根据奥巴马总统在选举前委托进行的民意测试结果显示，70%的美国人认为大型企业须对世界经济危机负责，他们相信可在小企业主的帮助下走出这一困境。这解释了为何奥巴马总统宣告21世纪为创业时代。

如何避免陷入“想创业”状态

这种明显的矛盾源于两种概念的混淆：“想创业”和创业。在创业前一定会想创业，但想创业的人并不一定会创业。

创业者可以划分为以下几类：

① 需要种子资金的创业者。他们只有一个商业想法，但是除咨询身边的人的意见之外，没有做过市场调研。

② 已有企业的创业者。他们已经成立了企业，但是企业需要制度化。

③ 处于初创阶段的创业者。他们将样本、商业计划和市场调研都准备好了，已经或几乎准备好成立公司了。

天使投资人对这三类创业者都很感兴趣。需要种子资金的创业者能签下较小的合同，合同款在10000～50000美元之间；处于初创阶段的创业者有机会签下50000～100000美元的合同，并吸引更多天使投资人。已有企业的创业者能吸引到高达500000美元的天使投资，以扩张企业。

即使你的商业想法能产生收入，在寻找商业伙伴时你仍然需要注意以下10个要点。

1. 天使投资人投资的是创业者

天使投资人更关注发现正确的创业者，而不是正确的项目。在私人层面上与他们相处融洽是极其重要的。天使投资人也想要估量一下，在没有他人帮助的情况下，创业者能走得多远、能做得多好。通常，怀揣B级项目的A级创业者比怀揣A级项目的B级创业者更有可能获得天使投资。

2. 天使投资人非常重视创业者的展示

当创业者向一名天使投资人说明生意想法的时候，创业者应当能在五分钟内展示出项目的主要方面：融资、投资回收期和退出投资策略。这被称作“电梯推销”。最常见的错误是做一次长而无趣的展示。这令投资者感到奇怪，不知道与创业者发展私人关系时是否也会这样乏味，即使项目本身可能是合适的。以及在和这个甚至没法在五分钟内传达项目主要概念的人开董事会议的时候，我们要怎么办？

3. 天使投资人想要了解退出策略

如果你描述过你的退出计划，对于天使投资人来说这属于加分项。通常，创业者不会去考虑退出策略。正常情况下，天使投资人预计将在3～7年后退出。他们可以通过将股份出售给一个新创业者或潜在投资者，向公众公开出售、出售给风险投资家、卖回给创业者或以特许经营的方式退出。天使投资人知道无论赚了多少钱，创业者往往在7年内就会失去动力。如果有一名积极性很高的创业者，而一切又顺风顺水时，企业就能更快地发展。

4. 熟悉你的天使投资人

了解你的天使投资人曾经进行过何种投资，他们在你的目标行业领域的知名度，他们的人际网的涵盖范围，在你之前与他们合作过的创业者的满意程度，他们会给你多少时间，以及他们过去投资的成功记录。如果可以的话，也要考察他们的履历。

5. 尽职调查对你的天使投资人非常重要

假设有一名天使投资人喜欢你，并且认为你是适合他们投入资金的创业者，那是时候验证你在推销中所说的话的真实性了——这就到了尽职调查期。几乎没有天使投资人会决定在未经尽职调查的情况下签订协议。大部分人会在3个月的尽职调查期后做出决定。为了避免浪费时间，你的商业计划是否能真实反映你在展示中的宣言就非常重要了。

6. 为天使投资人量身打造不同的展示

创业者需要准备四种不同的展示。你必须要有一种不同的技巧，以应对面对面的展示；以及另一种技巧，以应对书面展示。首先，你需要准备一份20~50页的详尽商业计划。然后为潜在天使投资人将商业计划转换为20张幻灯片的演示文稿，用4页左右的摘要总结主要概念和提议的投资；最后你必须取其精华，准备好五分钟的电梯推销。

7. 获得天使投资的过程

在每一百名创业者中，只有一名创业者能为他的项目吸引到投资。在天使投资者数量更少的国家，这一比例甚至可能低于1%。以下为得出这一比例的过程。

① 生意想法的预览过程——25%的申请能通过，进行到下一步。

② 详细审查过程——30%可继续进行下一步。

③ 面对面展示过程——创业者常常要求进行一场面对面的展示和提问答疑。

④ 尽职调查——到达这个阶段的人中有30%会被邀请参加投资会议。

⑤ 实现投资——受邀参加投资会议的人中，有一半能成功获得投资。

8. 了解天使投资人想投资的领域

如果你想获得更多争取到投资的机会，可以调查天使投资人感兴趣的领域。

9. 八种绝对会令你失去天使投资人的办法

下列技巧将在你拥有完美的商业想法的情况下，增加失去天使投资人的可能性。千万不要：

① 不花足够的时间和精力为你的商业计划和展示做充分的准备。

② 在展示中忽视商业模式，或只注重于介绍你的产品规格。

③ 做出此类发言："这是个相当复杂的系统，令人难以理解。"

④ 表示你想要的只是资金，剩下的事情交给你来做就可以了。

⑤ 在尽职调查期间关掉手机。

⑥ 拒绝仔细倾听你的天使投资人问出的问题。让他们听你说。

⑦ 对商业模式的关键问题保密。

⑧ 说你希望精诚合作，“至死方休”。

10. 我投资什么?

每天我的邮箱都会收到至少50个生意想法。当然了，你也可以发一个给我。但是，了解拜巴尔·阿尔屯塔斯的投资规则是有帮助的。

我投资具有三个主要原则的初创企业：

① 必须符合“先卖再花”的商业模式。

② 创业者在私人层面必须能与我相处融洽。

③ 项目应该需要我和我的专业知识，以及我的资金。如果你需要的单单只是资金供应而已，你需要找个非天使投资人的投资者。

你可以通过互联网将你的创业计划发送给我，只要在我的网站上点击“获得投资”就可以了。网址是www.baybarsaltuntas.com/eng。

三、通往成功的路线图

在本节中，我将告诉你创业之旅中每一步的关键细节。我通过从我的人生故事中援引例子，来说明每一个阶段中我都做了什么，我想请你也写下在每一个阶段你完成的事情，以确定你的创业水准。事实上，我想请你写下你自己的创业故事。我做到了，你也能做到!

我综合了一名创业者在创业之旅中，从开始到结束会经历的所有阶段。我把这些阶段称为“成功创业的崛起地图”，以此为主题，我已在全世界进行了数百场演讲。这张我为世界级创业者制作的地图也用于作坊和许多大学的培训项目中。

我做生意的方式可以概括成将闲置产能转化为资金，已经经过了很多学者的验证，并在管理学领域的国际级专业期刊上发表过，被学术研究者称作阿尔屯塔斯公式。我很高兴自己不仅能成为创业者的真实榜样，还能成为学者的灵感来源，助他们研究和发现独特而有益的创业方法。

我认为，创业之旅就像一年四季。第一个季节是想创业的级别。第二个季节是创建一家企业的阶段。这一阶段有三个重要的分步骤：创新、创业和市场营销。第三个季节是增长阶段。这一阶段包括品牌推广、制度化和特许经营。最后，第四个季节就是成熟阶段：领导和天使投资。

在开始创业之前要做的事情（步骤1）

步骤1：想创业

这一过程从你产生生意想法的那一刻就开始了。但是你将如何从想创业的阶段前进到下一级呢？你想创业吗？还是当发明家？抑或是创业者？全世界最伟大的发明家爱迪生为什么能成功创业？

我身边的每一个人都对我说过“你做不到的”；或者“你成功不了”；或者“只有你才想得出这样的主意”。但是我用一个没人能理解的想法，成功在一个月之内积累了100000美元。你得读一读我和阿兹米·萨里贝的故事，来理解我是如何实现从想创业到创业的过渡的。

首先，我根据在旅行社工作时的观察结果，得出了一个商业想法。我想上旅游经营培训课程，但是找不到这样的课程。当我通过我的人际网找到在闲置时间使用一所实体设施的机会时，我制定了一种商业模式——先赚再花。我开发出这种系统的原因是我只有400美元，对于开一家公司来说这基本上就是没有钱。

我实施了我的商业模式。我花400美元做了个广告，然后在下个月的月末就取得了100000美元的收益。所以我从我制作的商业模式中获得了资本。

现在，请写下你在这一阶段中有过的类似故事，并在故事中回答下列问题：

① 你是如何发现你的商业想法的?

② 大家怎样看待你的商业想法?

③ 你想到了要制定什么类型的商业模式?

④ 你抓住了什么样的机会? 为什么你的产品或服务有确定的需求?

开始创业（步骤2～4）

步骤2：创新

你必须要开发出市场上的竞争者没想到过的一种产品或服务，或一种独特的市场营销策略。如果你有所创新，就能毫无顾忌地花钱在营销上了。如果你还未发展出什么有创新性的东西，而只是在做其他企业家都在做的事情，就要承担严重风险了。你花钱推广没有创新特色的产品，这种产品还和名牌产品价格相同。这样一来，消费者想到他需要这种产品的时候，就会购买名牌产品。如果你开发出了创新产品或赋予了已有产品创新的特色，消费者就会说："我想试试这个！"

我为市场发展了一种全新的服务，并为我提供的服务加上了两项全新的创新特征。

在教育市场上，只有外语和计算机课程。我的计划是在市场上首次开发全新的职业培训方案：旅游经营课程、客运服务与售票课程、空中服务员课程、机场客运服务课程、人力资源管理课程、航空管理课程和公共关系课程。当消费者完成创新型的课程后，在找工作方面需要帮助，所以我寻求协助旅行社、航空公司和其他公司招聘的方法。我知道市场对于就业安置服务，与国内国际机构合作招聘合格参与者有需求，合作招聘也有助于毕业生就业。因为就业安置对于维持业务十分关键，我决定专注该领域。

多年以后，当我在大学里做学生的同时，我已经成为前五十位的创新企业家而闻名遐迩了。我的生平事迹已经由土耳其广播电视公司（TRT）拍摄成影片，并且在全国成为创新思维的典范。

现在，请写下在这一阶段中你自己的类似故事，并回答下列问题：

① 你开发了什么创新产品或服务？

② 你为你的创新产品或服务开发了什么创新特色？

③ 这些产品和服务在哪些方面体现出创新？

④ 你的产品或服务的创新特色是否与你在推广信息中所作出的承诺相符？

步骤3：创业精神

现在，是时候将你用右脑的梦想和左脑的计划付诸现实了。这个世界永远欢迎新创业者。你收到纳税识别号的那一刻，就是你创业故事的开端。你曾经只是想创业，但现在你已经是个真正的创业者了。在这时，应当专注于成为一名成功的创业者。

我实施了我开发的商业模式，这种模式由前文所述的创新特色组成。我在市里的主要商业区租了一间办公室，位置很靠近我所有的潜在顾客。我确保这间小办公室环境舒适，令顾客一走进大门，就感到宾至如归。我为我的事业想了一个听起来国际化、可靠、体面，并且有成为国际品牌的潜力的名字，Deulcom一词本身并无意义，但每个人都感觉到这是个可靠、体面的国际公司的名字。我找到一位电话技巧绝佳的秘书，这位秘书知道怎样才能保证顾客感到自己受到我们的重视。

我将一个创新性的生意想法、对自己的信任、正确的办公室位置、有说服力的公司名字和合适的员工结合在一起，我的创业故事就此开始。我的下一步是确定对于顾客而言，恰当、实惠的价格，以及开发一种合适的商业模式，在没有大量现金支出的情况下招徕生意。我是这样定义我新建立的企业的：Deulcom将在教育市场成为一个国际知名品牌。

在决定将我所有的资金都投入广告中后，我问我自己的问题只是：我可能会失去什么，如果进展不顺利，又应怎样弥补这笔开支？当我进行计算的时候，发现自己不会失去多少，但是却有机会赚更多的钱。就是在那个时候，我下定了决心。

我建立了国内第一家就业安置中心。然后我与国内国际认证机构（例如国际航空运输协会（IATA）和海峡大学）签订协议，这有助于我为我的培训课程学生安排工作。

现在，请写下在这一阶段中你的类似故事，并回答下列问题：

① 你找到正确的办公地址了吗？

② 你公司的名字有成为国际品牌的潜力吗？

③ 你是否为产品或服务确定了合适的价格？

④ 在将所想的一切付诸实践时，你相信自己吗？

⑤ 如果你未获成功，有没有备选方案？

⑥ 你的初创企业是什么样的？你未来的目标是什么？

⑦ 你如何实施你的创新商业模式？

步骤4：市场营销

当你的预算最少，销售记录最大时，怎样才能成功成为企业的领导者？这对创业者而言，是一个极大的挑战。我曾经学到过：创业者在市场营销方面花钱很谨慎，成功的创业者都亲身参与市场营销策划和活动。

在市场营销方面花大钱并不能保证销量。在正确的营销工具上投资对于进行营销推广而言是一种更加聪明的方式，你可以用最少的预算获得最多的销售额。

我在日报上发现了非常有趣的版面，在上面刊载课程广告。因为我的课程适合找工作的人，因此这些人会浏览报纸的职位空缺版面，我把广告打到了职位空缺版面上，这比在其他版面做广告费用低廉许多。我以这种比其他方式开销要少得多的方式，将影响范围扩大到了我的潜在顾客。Deulcom也是第一家与专业广告机构合作的教育培训公司。这对于当时的教育领域而言，是非常具有创新性的举措。

我成功用成本为400美元的广告赚到了100000美元。在接下来的几年中，我成为行业领军者，每年的营销预算达到1000万美元。

我搭乘从我家到校区的巴士，开始了我的大学生活，但是在第一次刊登广告18个月后，我就拥有了自己的宝马汽车和私人司机。这是好的营销决策所能产生的真正的影响。

同时，我必须强调销售技巧的重要性。没错，你可以通过聪明的营销技巧，把顾客领进你的办公室，但是这并不能保证销售额。

这就像一场足球比赛一样。10名运动员都能将足球送进对方的球门，但是如果这支足球队没有一名好前锋，就不可能取得胜利。同样的，如果你没有优秀的销售人员，你花在营销上的成本就会付之东流。

最初，我自己开始推销课程，然后教我的员工如何推销。我的办公室就在销售办公室隔壁，所以我很容易就能听到销售简报。

如果创业者在销售方面取得成功，他就会进步。如果他在销售方面未能成功，他就得回到原点，找到另一个商业想法，再采取同样的步骤。市场营销是一名创业者的第二座里程碑。第一座里程碑是你成立公司的决定。

现在，请写下在这一阶段中你的故事，并回答下列问题：

① 你制定了什么营销策略？

② 你发现了创新的市场营销手段吗？

③ 你是如何发展你的销售团队的？

④ 如果你将所有的资金花在销售上，但未能实现目标销售额，你的备选方案是什么？

发展业务（步骤5～7）

步骤5：品牌化

投资市场营销，便是一箭双雕。您是在发展自己的客户，您广告上的徽标、商标还有标语以及其他营销工具，无不在向顾客们传递您的品牌信息。随着时间的推移，您的徽标和商标在市场中将会家喻户晓。这便开始成为顾客们在琳琅满目的商品中只取您这一瓢饮的理由。顾客们在日常生活中（报纸、杂志、广告牌、互联网等等）越经常见到您的商标，您的商标就越会成为市场中极具价值品牌。

密切关注品牌推广过程是必不可少的。成为一名拥有家喻户晓的品牌的企业家，就意味着您要肩负重任。您要比以往更加注重您的商品质量和服务质量。在这场竞争的开端，您是一名初出茅庐的企业家，并且顾客们也都注意到了这一点。顾客们原谅着您的过失。但是当您拥有了自己的品牌，顾客们不仅只是因为相信销售信息而去购买商品，他们消费这件商品或服务的初衷是因为他们对这个品牌的信任。

所以，在创业这条道路的起点，刚开始领跑的是企业家，但是不久之后，领先的就是品牌。对于拥有家喻户晓的品牌的企业家，当务之急是要迈开新的步伐：体制化和特许经营自然而然成为品牌推广的下一步。

当我在报纸、杂志还有广告牌上打广告时，我在广告公司所花的时间远多于呆在我自己办公室的时间。这时的我无异于一名小职员。我发现自己对视觉冲击颇有鉴赏力，所以我在自己的公司上便应用了这个鉴赏力。广告公司只收取了正常价的一半费用，因为我也在那边为他们出力。

Deulcom成为欧洲发展最快的品牌之一，并在Eurowards中享有盛名。这场颁奖仪式是我第一次以国内著名品牌所有者的身份被介绍。有趣的是，这时候我还是大学里的一名学生。

为达到这一水平，在20世纪90年代初我在广告上就花了数百万，但是这些钱最终还是会回到我的口袋中。我会通过以下步骤为您展示这些钱是如何再回到我的口袋中的。

现在，请先回答以下问题，了解您是否走在品牌推广的“正途”上：

① 您是雇用广告公司还是自己打广告呢？

② 您是否意识到您的目标应该是在销售您的商品或服务的同时创建您自己的品牌呢?

③ 您采取了何种方法加速您的品牌推广进程?

④ 您拥有自己的品牌吗?您的品牌传达给顾客的是什么信息?

⑤ 您是否赞同成功企业家最重要的目标之一是创建一个家喻户晓的品牌这一观点?

⑥ 依您看来,创建品牌和维护您所创建的品牌声誉,哪一个更困难?

步骤6:体制化

您的业务蒸蒸日上,并且您现在已拥有多家分公司。这个发展过程是历尽艰辛的。新员工、新分公司办公室、更多的报告、更多的日常经营,还有更多的客户。所有的这些都带来了新的挑战,所以企业家们需要找到有效的解决方案。

在我26岁的时候,我曾试图处理遍布全国的十家分公司的事务,管理超过500名的员工。同时,品牌推广也在继续,每天都有新客户享受着Deulcom为他们所带来的服务,我的公司也成为这一行业的佼佼者,也是所有人的工作梦想地。每天,我都收到数百封想要在Deulcom分公司工作的应聘电子邮件。第二个工作梦想地是英国文化委员会(British Council)。所有的这些都是在五年内实现的,它们是创新、切题且深思熟虑的营销计划和对品牌推广进程的强化管理的结晶。

当您到达这一阶段，您会明白，客户们非常重视交付方式还有服务或商品的质量。他们意识到，他们为之掏腰包的除了服务或商品本身的品质，还包括服务的质量管理，还有为他们所提供的金融服务的品质。我观察到，客户的投诉很少是与他们所消费的英语课程品质相关。他们会投诉的是迟迟才收到证书、食堂贩卖的饮料、错过交费日期短信提醒等等。

后来，我开始通过阅读书籍和文章，还有参加各类会议和研讨会研究管理学。很快，我意识到，我的公司需要设立四个部门：

① 管理和组织部门；

② 产品管理；

③ 市场营销和销售管理部门；

④ 会计与财务管理部门。

应该有专门人员负责管理和组织。人力资源管理占据管理和组织的90%比重，尤其是在服务行业中。这个人将充当CEO的角色，并负责其他三个部门的平稳运行。

还要有另一个人负责产品管理。因为Deulcom是一家培训公司，产品管理就意味着培训管理。培训管理的负责人必须具有在学校或大学从事教育活动的经历。例如，招聘大学外语学院的院长是极佳的解决方案。

应该有专门人员负责市场销售部。这个人最好具有销售背景，并且能平衡与协作办公室中的营销团队，还有在外“作战”的销售团队。这个人还应该具备教授和培训他人的能力。每个销售员都需要进行销售培训和产品培训，市场营销的负责人需要负责进行这些培训。

应该有专门人员负责会计与财务管理。我必须招募新的会计员，因为开设新的分公司就意味着有更多的客户，也意味着更多的日常经营工作。现金流转管理和成本管理也需要新的员工负责。我还必须与独立的审计公司在会计和金融咨询以及法定财务报告上签订协议。

作为一名企业家，我要负责所有的这四个部门，但是有着250名员工的5家Deulcom分公司，让我不可能跟上所有部门的日常运营。正是出于这个原因，所以我选择了体制化。

首先，我要确定我的何种能力能为Deulcom带来最大的利益。我决定了，凭借我的丰富经验以及我在这一领域的卓越能力，我要身兼CEO还有营销和销售经理的职位。公司总经理（曾担任CEO）目前变为董事会成员，因此为我在总部打开了广阔的空间。我聘请了一名人力资源经理，他将帮助招募新员工，并继续管理现有员工。我还聘请了一所大学的外语学院院长担任培训经理一职，负责课堂教学质量的管理。他唯一需要关心的是他应该如何为我们的课程参与者提升教学质量。我还与一家优秀的审计公司签订了协议，他们将会直接向我报告公司每月的财务状况。

这个体制化过程花了将近18个月，在这期间，我编写了500页的公司手册。它包括了所有的程序的细节，甚至详细到公司应该如何庆祝生日的水平。当然，日常经营目标也包括在内，这本书在1999年时还被一名大学教授采用，用于教授全面质量管理课程。

现在，请先回答以下问题，了解您是否已经完成了您的体制化步骤：

① 您为您的客户提供服务或产品吗？

② 您是如何控制您公司的日常运营的？您开发了何种体系为您的客户交付服务或产品？

③ 您是否感到您在公司并没有时间开发新的体系，因为您把时间全部花在了日常运营的细枝末节上了？

④ 您公司的组织结构是什么？

⑤ 您公司管理和组织的负责人是谁？

⑥ 负责产品或服务的人员是谁？

⑦ 负责市场营销与销售的人员是谁？

⑧ 负责市场会计与财务的人员是谁？

⑨ 您擅长什么？市场营销与销售，会计与财务，人力资源管理，管理和组织，产品管理？

⑩ 您是否认为客户所消费的仅仅是产品本身，还是说他所消费的还包括售前、售中还有售后的品质？

步骤7：特许经营

随着您的品牌推广进程，独立的企业家开始请求使用您的品牌。这就是特许经营的开端。在这一阶段，您需要注意的是，其他想要获得您的特许经营权的企业家们可能会认为，您已经完成了体制化进程。在“将进行特许经营”的过程中，您是否已经完成体制化进程并不明显，因为它们不是发生在您公司内部的。企业家们只是经常看到您打出的广告，可能还消费并享受了您所提供的服务和商品，还看到您拥有如此强大的客户群，因此决定购买您的特许经营权。但是这些未必就能表示您已经准备好特许经营您的业务。这个基本标准是您是否已经完成了体制化进程并且对日常经营已有指南。您准备好特许经营您的业务了吗？

特许经营不单单只是意味着让其他企业家使用您的商标。特许经营还包括专有技术的传递。您必须通过一个非常结构化的方式分享您业务的所有机密。特许经营的支付不单单是为品牌，还有将业务经营成功的专有技术。

我是一个幸运的人，因为在开始经营之前，我在土耳其特许经营协会（Turkish Franchising Association）担任董事期间学会了特许经营的法则。我曾观察美国新品牌如何进入土耳其，以及他们与潜在的特许经营者又进行了何种面谈。我竭尽全力弄清楚他们究竟是如何选择最有可能经营好业务的企业家。这段经历对我来说十分宝贵，并且我下定决心，如果来日我拥有了自己的公司，我一定会殚精竭力地特许经营好我的业务。从众多事例中我学到，重中之重是要有一本指南，引导特许经营人成功经营业务的方式。出于这个原因，我花了大量的时间将我所有的业务流程写进了指南里。

由衷地建议您要清楚规划您业务的未来发展方向。着眼当下，您就要开始广集未来的特许经营者了，并且如果您从一开始就建立了明确的目标，就要明白为什么要重视市场营销策略、品牌推广，还有体制化进程。立足事实，特许经营体系是回收您在品牌推广和体制化上投资的最佳方式。如果您没有建立明确的目标，特许经营您的业务，当您最终下定决心开始特许经营时，就要耗费更多的时间和金钱。

当我在Deulcom里有了10间分公司办公室和超过500名的员工，并且完成了指南编写，我就开始拜访我的未来特许经营者了。我从不大张旗鼓宣称我会授予企业家们特许经营权，但是想要在自己的城市开办新的Deulcoms的企业家却是络绎不绝。于是我给他们每个人都发送了一封电子邮件，看看他们是否依旧对此饶有兴趣。

我一开始特许经营Deulcoms，就有一家国际投资集团给我提出了一个提案。他们想在土耳其开办一所西班牙语学校，但是与其浪费时间在土耳其市场创建一个新的品牌，他们很乐意在Deulcom旗下经营自己的业务。我们最终以为期5年15万欧元的特许经营费达成协议，第二天，我的一家Deulcom分公司就成为西班牙投资者所有的特许经营公司了。这个费用是在土耳其特许经营的国家乃至国际品牌中最高特许经营费之一了。

这段经历对我来说十分珍贵。在我与西班牙投资者的特许经营协议启发下，我为潜在的企业家们提供了更加广泛的选择。那时候，我是这个国家中最有价值商标之一的所有者了。现在我的所有学校都是由独立的企业家们经营。

随着时间的推移，我又在原始的Deulcom品牌下开创了一个新的品牌，每个新品牌都有不同的投资计划，更有不同的投资企业家：

① Deulcom International：职业技能培训学校。

② Deulcom Institute：外国语学校。

③ Deulcom Kids：6岁以内的儿童保育；这完全就是一个创业实验室，吸引了众多的女企业家。

④ Deulcom Abroad：为那些想要出国留学的人们所开设的登记处。

我很高兴在月度经济杂志《资本家》（*Capital*）中读到一篇文章，文章中将我描述为“土耳其的特许经营之父”，并将我视为商业榜样。特许制度最激励人的一方面是，您所应对的是与您一样的企业家，而这创造了很大的协同作用。也就是说，从我个人的角度来看，这比您收到特许经营费还要更愉快，更有意义。

现在您必须回答以下问题，看看您是否已经准备好特许经营您的业务。

① 您是否收到了独立企业家关于愿意与您签订特许经营协议的电子邮件？

② 您公司的指南编写好了吗？

③ 您是否已经具备鉴别合适企业家的能力？

④ 您意识到您必须将教授特许经营者如何经营好业务包含到您的经营目标中吗？

⑤ 您是否有开发监控您的特许经营者的绩效的系统。

⑥ 您是否已经制定好符合您国家法律规定的特许经营协议？

业务成熟

步骤8：领导力

您可以担任您公司的CEO，或者您可以雇用专业的CEO顶替您，这样您就可以得到解放，从而成为您生意的领头羊。哪一条对您来说才是正确道路？

在我开始特许经营之后，我最终拥有了17所学校，每一所都是由不同的企业家所有。他们目前需要每月向我支付其收益的10%作为专利费，该费用至少为1500欧元，以及每5年需支付至少35000欧元的特许经营费。目前我的Deulcom总部只有5名员工负责特许经营权的日常经营，例如检查准备、组织营销预算、考证毕业生以及对新的特许经营权申请人进行预面试。

我任命我的太太拉基比为Deulcom的CEO，因此我在Deulcom这场“竞技”中的角色不再是每日活跃的“球员”。相反，我带领着Deulcom，而这与在现场参赛也有着截然不同的地方。在我从摸爬滚打中开始经营我的业务二十年后，我更喜欢带领着Deulcom。

作为Deulcom的领头羊，从Deulcom品牌和它的特许经营权的利益出发，我都做了什么？实际上，我以业务发展经理的角色打理公司，我为特许经营者开发创新课程，与国家乃至国际机构签署各种协议。这些协议并不仅仅只是为了增加我的特许经营者的销售量，它们还在增加Deulcom品牌价值上推波助澜。

此外，我还负责组织招待会以及每月例会，接受媒体采访，还在国家以及国际会议上演讲关于发展中经济体的合格员工的重要性。作为Deulcom的执行委员会的董事长，我尽可能出席每次会议、展览，还有集会，为我的特许经营者提供支持，该委员会是由特许经营者的代表组成的。

是什么优势让我过五关斩六将，然后达到领导阶层呢？其中最重要的优势是我现在所拥有的个人时间。这使我得空为新的企业家写书、在创业会上演讲、为经济杂志写周记，甚至参加像《龙穴之龙》这样的电视节目。

在四十而不惑之年能够经济独立、时间独立，现在，我可以随心所欲支配我的时间。

我的书成为土耳其的畅销书，并且它的销量甚至超过了鼓舞了全世界数以万计人的史蒂夫·乔布斯的著作。我成为世界企业家论坛土耳其和巴尔干国家的大使，当前，我正为这些国家建立商业生态系统。我能够为他人投入时间与精力。社会创业项目，例如每年从世界上20所不同的学校中选出20名学生，并通过给他们分配特定的任务，教他们如何从头开始赚钱，让他们从做中学，这是我最喜欢的一个社会项目。这在世界上可能是独一无二的。我为每年的获胜者提供实习机会以作为奖励，帮助他们在不同的国家发展自己的创业技能，并且我将资助整个过程。

如果我没有将Deulcom的CEO之位让与他人，我将没有时间在这个世界上做点新颖且与众不同的事。切记，领袖并非公司的职位之一，我的名片上并不会将我的身份标注为“领袖”。领袖是一种理念模式，它指引着你为他人，也为你自己将这个世界建设得更美好。你收到世界给你的回报便是您经济回报的指数。您所赚取资金的金额便是确定您成功的标准，但是一旦您已经创造了自己的财富，则是时候重新定义您能为这个世界带来什么的成功标准了。您的贡献越大，您就会越成功。

您还必须在这个步骤中确定，您为成为百万富翁所做的一切努力是否值得，甚至说这意味着您无法见证您的孩子茁壮成长。那么现在，请回答以下问题，了解您是否是您生活中的领袖的候选人。

① 您的公司是否处于您可以将CEO职位让与他人的状态?

② 您喜欢在社会项目中活跃吗?

③ 您喜欢为那些未来可以成为优秀企业家的有天分的年轻人

贡献自己的时间、精力和金钱吗?

④ 您为什么要赚钱?是为了让它引领您的生活吗?还是让您能够引领自己的生活?

⑤ 当您不在这场竞技中时,您会如何利用您的创业技能,以进一步发展您的公司?

步骤9:天使投资

您需要花上数年完成我在前文所述的八个阶段。现在,是时候支持新兴的企业家们了。您应该分享您的经验与知识,让他们能够与您一样成功。天使投资者应是一名资历丰富的企业家,博览群书,并且目前已通过成为他们公司的股东,为新兴企业家们准备好提供经济支持、经验知识以及网络体系。您是如何成为天使投资者的?企业家们应该如何获得天使投资者能够提供的金融机会?企业家们应如何在硅谷中占有一席之地?

我在成为"龙穴之龙"的一员之后就成为一名天使投资者。成为"龙穴之龙"的一员,除了个人财富付出,同样也需要时间的付出,多亏我在生活中的状态,我能够为自己腾出足够的时间,并在这样的项目中进行投资。

在这个节目之后,我每日及在所到之处开始听取经营理念。有一天,在我去往机场的路上,我刚好在等红灯,当时有辆警车鸣着笛便出现了,并指示我开到路边。我一时不知道我做错了什么。然后这两位警官靠近我并解释道,他们每周五晚上都有观看《龙穴之龙》，他们有个商业构想，并且想知道我是否有时间听听看。我必须立即赶到机场，但是我把名片给他们了，他们可以稍后发电邮告诉我他们的商业构想。

在每天，我都收到来自世界各地大约50封的邮件，因此我必须建立一个团队，为我筛选企业家们的来信。作为一名天使投资者，您现在可以为高速增长的初创企业贡献您的经验知识、网络系统，还有资金。通过这种方式，您的一只脚将始终迈在创业之旅的起跑线上，并与新兴的企业家们携手并进。

为发展我的天使投资技能，我都做了什么？首先，我在亚马逊上购买了10本天使投资书籍，并像大学生一样开始研读。我成为该系统的名副其实的专家，因为由于我在演播室做的天使投资经验，我能毫不费劲地读懂这些书。我并不确定“龙穴之龙”的成员们是否也具备天使投资系统的专业知识，但是我发展了自己的知识体系，这样我甚至能够在欧洲天使投资网络（EBAN）的国际研讨会上进行授课。

我建议您能够通过参与您国家中的任何此类研讨会，学习该系统。如果您所在的国家并没有此类研讨会，您可以在欧洲的欧洲天使投资网络（EBAN）协会培训中进行选课。这些培训课程每年开办两次。美国的天使投资协会（ACA）也有提供类似的培训。

现在，请回答以下问题，了解您是否已经准备好成为一名天使投资者：

① 您是否具备成为天使投资者的时间、网络系统，以及财富？

② 您喜欢与企业家们共事吗？

③ 您是否具备充足的资源，例如时间、广大的网络系统以及资金？您是否已经发展了天使投资技能，例如以下技能：

a. 筛选交易并进行尽职调查；

b. 谈判并编法律合同；

c. 监测投资；

d. 撤出投资；

e. 评估初创企业。

四、经验之谈的可靠技术

现在做好准备：我已经决定为您分享我为我女儿开发的商业模式，它是为企业家们制定的独一无二的商业模式。这是从我第一天建立公司起，我的公司的增强型模式。我只需要完全忠诚的超级销售人员！您需要做的就是与您的朋友合作，并每月为每位企业家承担400美元的预算，正如我女儿们所做的。

我确定，作为具备企业家精神的您一直都在想有朝一日能够开始并发展自己的业务。

大多数新兴的企业家们发现，筹措资金是一个主要问题。我知道，有很多人，尽管他们相信他们具备创业技能，但是发现在开始自己的业务时，他们迫切需要帮助。同时我也深知，即使一些企业家们能够筹措到资金，但是由于缺少专业知识，他们的生意也可能会失败。

随着时间的流逝，我了解到，如果企业家们具备了正确的商业技能——换句话说，如果他们艰苦奋斗、具备良好的销售能力并喜欢团队合作——那么当他们得到像资金支持和导师指导的机会，他们就可以创造奇迹，甚至是以很少的资本起家。

随着我女儿长大成人，我想要让她们加入我的生意中来，但是在我的想法背后却有着许多纠缠不清的问题：她们与我一样驾轻就熟吗？她们倾向于创业吗？在人际关系中她们表现如何？她们是如何应对压力的？她们可以与官僚政治打好交道吗？她们具备销售的天赋吗？

当您看到她们在学校的成绩，您便会觉得，她们似乎可以比我更成功。然而，很遗憾，学校成绩并不能反映任何上述的特质。为了测试我女儿，我决定为她们营造一个与多年前引领我走向企业界的类似环境。我已经为她们创建了一个助她们进入创业世界的商业模式，这个模式可以允许我对她们观察12个月。

以下为该模式结构：

① 她们必须在培训中心的一个100 ~ 150平方米的小办公室扎根，就如我们刚起步时一样。

② 她们将从银行申请个人贷款，最高的月度付款为800美元，并且需要她们自己承担。

③ 我将会为她们提供指导。

我的女儿们将会每人支付给银行400美元。这将会激励她们养成及时进行定期还款的习惯。我将不会帮她们支付任何款项，因为我知道她们正通过每月讲授15节的私人课程来筹钱。因此，她们现在所经历的风险并非实质上的风险，这些风险均可轻易解决。

若她们能够正确实施商业计划并展示她们的销售能力，那么她们在自己业务开展的第一年就可以赚到2.5万美元了，这是切实可行的。这也是我在建立自己的公司时所持有的心态。

通过这种方式，我可以充分了解我女儿可能会如何处理销售问题以及如何与官僚机构打交道。她们也能够充分认识到她们实际上具备什么样的创业精神。通过这个项目，我实现了一箭双雕：她们可以了解她们自己，而我也将能了解她们的能力。我在这个项目上分文不花，但是最重要的是，如果她们成功了，她们就可以赚到钱!

如果，在这12个月的尾声，她们对我说，“爸爸，这些教室对我们来说不够，我们需要大一点的地方”，那么我们就实现了双赢。

在计划这一切的时候，我逐渐意识到，我为我女儿所发展的商业模式实际上也同样适用于很多其他的企业家。为什么两位英语教师，或一位退休的银行经理，或三名刚毕业的学生，再或两位退休的空中乘务员不能携手共赴商海，设定每人投资400美元一年就可收获2.5万美元的目标?

诚邀您走上明智企业家之路

明智的企业家可以冒着预期风险，不会立即将他们的资金撤出去，他们耐心十足，并在业务扩张之前潜心学习。他们要先赚钱，再花钱!

今日成为了企业家的我便是靠着我的个人策略：先赚钱，再花钱。我为我女儿定制的新商业模式就是将这个原则作为奠基的。以最小的投资，获得最大的利润。一位明智的企业家首先就要学会计算这个：如果我失败了，那么这个风险会让我的生活发生天翻地覆的变化吗？我会因此倾家荡产吗？

发展您自己的业务时应谨慎

您所冒的风险在失败的情况下应能不造成您的生活发生翻天覆地的变化。若您是作为一名个人企业家，那么您所要承担的风险为800美元，如果是两个人，那么就是400美元，再者，如果您有两位合作伙伴，那么这个风险就只有250美元左右了。这些数据绝不会让您的生活跌落谷底。这笔金额，您可以随便在某地工作再次轻松赚取。您必须认识到这样一个模式，在这个模式下，您可以先赚钱，然后再攒钱偿还您的支出。这个观念就为我女儿所定制的新商业模式奠定了基础。它转变成了一个具有6个月宽限期的自筹经费系统，还是一种您可以轻易从您的朋友和家人或者银行进行筹款的投资——只要您具备销售的能力！

您必须将精力集中到销售上！您不应该在像日常业务流程、制定目录、考试、认证、人员配备、确定教材、谷歌广告、开发及维护网站、指定营销计划、排课问题等运营上浪费时间。放手让其他人来管理这些事情，然后你来处理销售、销售，还有更多的销售。

一旦您建立起了自己的业务，只要您一达到足够的能力，您应该趁热打铁，进行扩展。我将这个新的商业模式称为“Deulcom学院模式”（The Deulcom Institute Model），它可以在12个月内将成功企业家引领到新高度。如果您是一名名副其实的优秀企业家，那么不到12个月，您的教室就会座无虚席，并且您将需要进行扩展。在这种情况下，所有必要的基础设施都将整装待阵，只要您销售、销售，还是销售。

Deulcom学院商业模式（The Deulcom Institute Business Model）

失业是当今世界所面临的最大的问题之一，但是，每个人都在寻求人才。

正如像您一样的企业家所需要的一样，您的基础项目应该是培训合格的人员，他们应该会讲英语、具备职业技能，并且他们的证书是得到国家和国际的认可的。当您为Deulcom签下雇用合约时，您也是为您在社会企业中的成功签下合约，同时也进行了一项明智的创业行动。培训部门可以提供良好的回报，包括社会的还有商业上的。您只需要知道应该如何发挥他们所长即可。Deulcom学院商业模式让企业家们可以控制自己的销售以及市场营销活动。所有的管理与组织、生产管理以及会计核算均由Deulcom总部负责，从而让企业家们能够卸下重担，并保持高昂的斗志。

始终以最低的融资建立您自己的业务

对企业家们来说，资金筹措是一个巨大的挑战。如果您具备可行的商业理念，实际上资金筹措并不那么难。您可以将以下列出的多项资金合并在一起。例如，您可以从您的朋友和家人处筹集到部分资金，其余的再从银行进行个人贷款；或者供应商可以提供特殊的付款条件。

您自己的资金

您可以使用自己的资金。不过，我个人建议是您应该预留个人资产，将其作为储备金，相反可以通过银行信贷筹齐那笔资金。这样，您就可以在没有经济困难的情况下在特定的时期中开展业务。一旦您开始打理自己的生意，那么其他的就会变得简单多了。

供应商付款条件契机

有些供应商可以提供多达24个月的销售贷款。他们可能也会为购买其产品的采购商提供融资。

朋友和家人

您可以从您的朋友和家人处寻得建立您业务的支持。请记住，这通常是风险最低的一种融资方式了。

信用卡

您也可以使用自己的信用卡，尤其是在宣传活动期间，并通过利用延期付款计划，从而避免利息支付。

个人贷款

您可以从银行进行低息的个人贷款，为您公司的初建投资资金募资。银行有时也会提供6个月延期付款条款的特殊方案。

特许经营信贷

若银行有为您的业务提供如：可进行6个月延期付款的6个月特许经营贷款计划，在6个月的延期后，对于2.5万美元的贷款，您将需要每月支付800美元，并支付54个月。通过这种方式，您就是在实施“先赚钱后还贷款”的商业模式。

篮子系统

您可以混合搭配以上任何或所有的选择，混合的百分比取决于您的个人需要和资源。

现在，问您自己这两个非常关键的问题：

① 您是一名优秀的销售人员吗?

② 想到可以拥有一家自己的公司您兴奋吗?

如果这两个问题您都回答了“是”，若您想要通过您所在国家的Deulcom学院成为一名企业家，并且若您想要成为我的生意伙伴，那么现在您只需要将您的简历发送到baltuntas@deulcom.com.tr即可。

五、给未来企业家的启示

人人都应该不断努力提升自我，然而并不是每个人都能够放下自己曾经取得的辉煌，继续前进。在本章，我将和大家分享几个真实的故事，或许能够帮助你们了解在现实中应该怎样实现自我的提升。

并非每个人都一定要成为企业家

你们或许还记得在我小学时期发生的关于魔法石的故事。我们快速回顾一下：塞尔达尔通过了一所私立高中的入学考试，而我则进入了一所公立学校就读。我的家人总是鼓励我去学习外语，因此我利用周末的时间参加英语学习班。尽管塞尔达尔在他就读的私立学校中已经参加了一个为期一年的英语速成培训计划，他还是参加了周末的英语学习班。因此在周末，我们发现自己又一次在同一个教室上课了。

那个时候，大家普遍通过结交笔友来练习自己的英语。我向一家机构支付了10美元，并找到了15个笔友，然后再转卖给我的朋友中无法自己找到笔友的人，当时一共卖了100美元。塞尔达尔就是其中之一。有一点我想要强调的是，一直以来，我扮演的都是一个“供应商”的角色，而塞尔达尔则一直是一个“需求者”。他一直都是一个消费者。我帮助塞尔达尔找了一个母语是英语的笔友，为他的英语学习提供了不少支持。

随着时间的流逝，我们毕业了，并且同时进入了著名的土耳其海峡大学就读。塞尔达尔学的是土木工程，而我则进入了外国语教育系。我们的人生轨迹再次交织在了一起。正如我之前提到的，在大学里，当我没课的时候，我都会在一家旅行社里工作。塞尔达尔则学习弹吉他。

“拜巴尔，”有一天他说道，“你在旅行社工作，应该有遇到来自保加利亚的客户吧。你认为有没有可能让他们中的谁帮我从保加利亚带一把吉他过来呢？那里的吉他超便宜。”

“乐意效劳”，我说道。我帮助他兑换了货币并买到了吉他。

实际上我现在正在讲的是关于两名学生的故事——我和塞尔达尔——他们拥有相似的家庭和教育背景，而他们所扮演的角色也一直都没有改变过：一个人始终在卖，而另一个则始终在买。这就像一块魔法石、一个地址或一把吉他——或者其他什么东西。

最终结果如何呢？我从外国语教育系毕业，并成为一名企业家；塞尔达尔完成了土木工程的学业，成为一名吉他手。鉴于我们的人生无法从头再来，因此我的建议是，我们必须去做能让自己高兴，同时自己又擅长的事。我很明白，塞尔达尔十分喜爱他现在所做的事，就像我十分喜爱我现在从事的职业一样。物质上的东西从来都是短暂的。我们需要牢记这一点，摒弃赚钱的强烈愿望。我的目标从来都不是赚钱（尽管我确实赚到钱了），我只是遵循自己的心意去做自己想做的，仅此而已。毕竟，我又不会失去什么。

我在一个福布斯100强商人身上的领悟

维塔利·哈克先生曾经登上福布斯土耳其商人100强榜单，是他成立了贝伊奥卢遗产协会，并将其发展壮大为土耳其最著名的协会之一，为贝伊奥卢成为一个重要的商业和艺术中心写下了重重的一笔。有一天，他为协会做了一场演讲。那时他已经90岁了，且刚刚出院，还未完全退烧。即使是在有人搀扶的情况下，他仍然步履艰难。尽管身体欠佳，他还是进行了一个小时的演讲，描绘了一下贝伊奥卢的未来。我永远不会忘记那一天。长话短说，一些企业家想知道他还想再工作多长时间。我记得他在演讲中给出了答案：“……直到我离开人世的那一天！”

那次演讲后6个月，哈克先生就去世了。但是直到他咽气那一刻为止，他都是一名企业家。

一天，我正在与哈克先生通话，突然，他从电话另一端叫了一声：“啊！”“发生什么事了？”我问道，心里想着是不是发生了什么非常糟糕的事。他冷静地告诉我，刚刚他在和我谈论贝伊奥卢的时候，他的护士给他打了一针。他的企业家精神不论年龄，不论是否健康，不论是否正在接受治疗。

你在7岁的时候成为一名企业家，那么你到70岁时你仍旧是一名企业家，仿佛这一切已经根植到了你的DNA中。这种情况有时可在商业创业中看见，有时可在社会创业中看见。而这是两个完全不同的领域。

维塔利·哈克已经成功建立起了一个庞大的业务，并将其发展到可以独立运营的程度，但在生活中，他并不愿意就此退居二线。换句话说，即使他坐上了技术总监的位置，他仍然想要亲自冲锋陷阵。他的创业活动从未停止，只不过这次他换了一个地方。由于他并不想干涉一个运作良好的现有体系，因此他将目光转向了社会问题上。

贝伊奥卢遗产协会就是维塔利·哈克的社会竞技场。我和哈克先生的共同之处在于，我也成立并管理着许多协会，比如现在，我就是土耳其商务天使协会的会长。另一个共同之处就是，最后，我也用自己的创业技能开始解决社会问题。我发现，比起商业项目，在社会项目上取得的成功实际上更能给我带来满足感。因此，我鼓励成功的企业家们同时涉足两个领域。

不要告诉媒体多余的信息

在我担任贝伊奥卢遗产协会会长期间，有一天我接到了一名记者的来电。她想要采访某位知名人士的父亲，据说该著名人士就住在贝伊奥卢，因此她想让我帮忙寻找。哈克先生的表亲肯定知道答案，我想。

我请这名记者稍后，并让我的助理帮我联系哈克先生的表亲。同时，这名记者并没有保持沉默，而是不断和我闲聊。

当时，贝伊奥卢的独立大街小偷猖獗，而我们却无能为力，所以我想知道，如果我们让这条只对行人开放的步行街通车，扒窃案件是否会因此而减少呢？我说出了我的想法。

但其实这已经超出了我们此次谈话的范围。第二天，报纸上就刊登了这样的消息："贝伊奥卢遗产协会会长要造反！独立大街应全面通车来减少扒窃的发生。"这就是所谓的新闻。我们私底下的闲聊成了新闻，尽管我曾一再声明这只是闲聊而已。我甚至无法想象，一段私底下的闲聊会被作为新闻公之于众——而且还是以这种不恰当的标题！

贝伊奥卢的零售商们感到非常愤怒。他们指责协会玩弄他们的收入：为什么街道将要通车的事情他们一点都不知情？像这样的重大变更，为什么他们没有收到通知？情况简直一团糟。因此，当你们与出版社的人谈话时，一定要有防备心理，不要告诉他们多余的信息。

在他的病床前进行价格谈判

我们曾经想要修缮叶西尔卡姆大街的路面，这条街道在土耳其电影业中与好莱坞大道有着同等地位。我们计划将世界上文化、艺术、政治和商务领域中重要人物的名字和形象雕刻成特殊的石碑。维塔利·哈克是我们想要雕刻的第一块石碑，他为贝伊奥卢文化中心地位的复苏作出了杰出贡献。我们拟采用的是一种采用特殊技术制造的石材，在做了一个原型之后，我们发现制作这样的雕像成本太高，因此我们必须为这个项目找到一个赞助商。

维塔利·哈克是这个赞助商的理想人选。不幸的是，那时他刚刚住进了医院。但是，我还是觉得一定要让他看一下这个样品——让他以赞助商的身份参与进来，因此尽管非常沉，我还是把这个原型石碑拖到了他的病房，并征求他的意见。按照我的预期，他很有可能会对这个项目表示赞成。

我开始声情并茂地向他描述这个项目，我告诉他项目的费用和赞助的事宜，还告诉他，他是这个项目赞助商的理想候选人。哈克先生突然从病床上坐了起来，精神焕发。但是他觉得费用太高了。

他在自己财力的基础上，给出了他认为合理的价格。凭这么点钱想要完成项目简直是天方夜谭，我心想。哈克先生的态度就是那个年代一个真正企业家的缩影。一个真正的企业家即使是在病床上，也能够进行财务分析并做出决策。

我能做的就只是祝他早日康复，然后无奈地带着那块沉重的石头离开。

相信自己的嗅觉，而不是钱

为了嗅探出金钱的所在，你必须知道一分钱也没有时是怎样一种状态。从小含着金钥匙长大的人是无法察觉到金钱的气息的，但是一个一穷二白的人则恰恰相反。

一个企业家对于金钱一定要有敏锐的嗅觉。从某种程度上来说，我今天的成就要归功于我的这项技能，这项技能在我做的每一件事情中都扮演了很重要的角色。曾经有人问过拿破仑，是什么让他变得如此与众不同。他的回答是："没有什么特别的地方，我只不过是比别人早思考五分钟而已。"我也恰恰是这么做的：我比大多数人早思考五分钟，然后迅速采取行动。就是这五分钟决定了成败。

倘若你没有目标，那么你就不会朝着目标奔跑，甚至连行走都可能成问题。一个企业家会为自己设定一个目标，然后朝着目标奔跑。

在我刚上大学时，在我的朋友中，我看到很多人都开着高档轿车。但是我并没有非难或评论他们。我想，只要我去尝试的话，我也可以拥有一辆高档轿车。这就是企业家精神中几个"必须"的其中之一。有钱的时候，你可以进行投资；而没钱的时候，你仍旧追逐着你的商业理念，这就是企业家精神。你在为自己谋求利益的同时，通过设立企业和雇用员工，你也创造了外部利益。

我没有艾哈迈德·卡利克的学识，但是我创办了艾哈迈德·卡利克大学

艾哈迈德·卡利克是福布斯全球商人1000强榜单中的一员，爱琴海地区主要报刊Yeni Asir（新世纪报）的拥有者。这家报刊的总部设立在伊兹密尔中部的一个黄金地段，与希尔顿大酒店毗邻。我心想，这样的总部大楼应该被更好的利用起来，或许可以作为一个大学的教学楼。这栋大楼可以成为一所配备通信类教职工的城市大学。这栋大楼为卡利克集团所有，因此他们也可以在这样的机构里对他们的员工进行教育和培训。

我希望将这栋大楼转变成一所大学，但是我既不是这栋大楼的所有者，也不认识艾哈迈德·卡利克。我和卡利克集团之间也没有任何联系。我完全是在做白日梦。

后来我找到了一个朋友，他帮助我联系到了艾哈迈德·卡利克。卡利克先生为我的想法感到激动不已，于是我们达成了一个协议：他持有公司的60%，而我负责成立一所大学，并持有公司的40%。

他告诉我：“你是一个聪明的企业家，你的点子真是太棒了，一会儿我们来谈谈大学的选址问题。”他同意了我的提案，我们握

了手，从理论上来说，我们成立了一家公司。

我了解卡利克先生，他和我是一类人：当机会来临时，他会毫不犹豫地抓住这个机会，并采取行动。然而，他所拥有的其他业务使他忙到很难有多余的注意力放在新的项目上。当时成立公司的各个主要关节已经打通，只需要签字即可。

时间一天天过去了，但是卡利克先生那边却一直没有消息传过来，他一直在国外出差。我们能够在周日的时候通过电话联系，但是周日以外的其他时间想要联系到他，可以说是一个相当艰难的任务。

项目始终无法取得进展，而时间一天一天地流逝着，于是我打电话给我们共同的朋友，讨论这个问题的解决方案。他说道："10月27日是土库曼斯坦的国庆节，我收到了总统的私人邀请，所以到时候我会去土库曼斯坦。卡利克先生也很有可能会去，因为他在那里有投资项目，所以如果你一起来的话，或许你可以见到他，然后和他谈谈。这对于他来说也是个惊喜。"

我同意了这个建议，于是我们前往土库曼斯坦欢庆他们的国庆节。

我们是早上6时到的，和我一起旅行的这位同伴受到了贵宾级的欢迎。欢迎委员会想要在9时的仪式开始前，带我们前往总统府，但是我们却被拦在了机场。理由很快就明朗了起来：在匆忙间，我忘了申请签证。我不仅没能和艾哈迈德·卡利克促膝交谈，而且还有被逮捕的危险！当时我已经十分确信我会被逮捕，而我的朋友则十分坚决：他不会丢下我一个人。警察执意要求送他去他的酒店，并保证我随后就到。他们逮捕我的意图在我看来愈加明显。

最终，曾经在机场和我们打招呼的副总理致电旅游部长，在他的个人指示下，他们在机场为我颁发了签证。

9时整，我们已经坐在了总统后面一排的位子上。我把头转向我的右边，艾哈迈德·卡利克就坐在那里。“你来这里干什么？”他震惊道。

我将事情的始末告诉他，然后对他说：“我历经千辛万苦才来到这里，所以如果你准备好了的话，让我们一起成立这家公司吧。”那天我和艾哈迈德·卡利克过得非常愉快，并且见到了他的整个团队。我们还一起参加了国庆节的庆祝活动。

从那以后，我再也没有见过艾哈迈德·卡利克。我告诉自己：就这样吧。如果到了这一步，他还是无法采取行动的话，那我也没有必要再紧追不舍了。

这个例子说明了一个企业家能够多么坚持不懈。然而，即使是到现在，我仍然为没能和他做成生意而耿耿于怀。我放弃了对他的紧追不舍。万事万物皆有其理由。

企业家的三个神奇数字：7-24-365

当我还是一个大学生时，我就已经开始创业。今天，当这些学生们来到我这里告诉我，他们有一个创业点子，但是苦于没钱施展时，我都十分认真地倾听着。因为我在他们的年纪也遇到过这样的问题，所以我总是认真听他们说完，并给他们提供建议。也正是因为这个原因，大学生们都称我为“大学生之龙”。我有很多称号，但这一个是至今为止最让人激动的一个。我将所有学生都视为我的朋友。在不远的将来，他们也会开始自己的创业之旅，成为自己的老板。将我自己的经历告诉他们，我自己也收获了一份特别的喜悦。

7-24-365：企业家必须爱上这些数字。企业家精神不分节假日，不分休假时间和工作时间。每当我有一个新的经营理念时，我就会开始研究这个点子，直到付诸实践为止。开始实施以后，我仍然工作至深夜，激励自己开发另一个新的创意点子。你必须再次激励自己并想出一个新的经营理念。这是另一种形式的快乐。

知道适可而止的好处

卡迪尔·托普巴什先生在市政厅召开了一次会议，来接待当他第一次被选为伊斯坦布尔市市长时祝福他的人。他为参会的数千人做了一次演讲。我也是其中之一，代表贝伊奥卢遗产协会参加。协会的前任会长也参加了。我们想要以个人名义恭喜这位新市长，但是他在结束演讲后，立刻便被蜂拥而上的人群完全包围了。现场一片混乱。

我们根本无法接近他。因此我们决定不再等待，从人群中艰难地挤出一条路准备离开。在我们出去的路上，我注意到一个保安，于是停下来问他市长会在什么地方接客。

“先生，”他说道，“就在你现在站着的地方等着。”确实，新市长在几分钟后走了进来，而我则成为第一个恭喜他的人。你需要知道或者学习自己应该站在什么地方！

我睁开双眼，发现自己从医院中醒来

创办Deulcom时，我只有21岁，而且一开始我只有一位秘书。尽管如此，我还是在另一个城市开了分公司——伊兹密尔。那时，我会坐飞机去伊兹密尔招收学生，然后飞回伊斯坦布尔将程序卖给更多的学生。我赚了许多钱，但这是没日没夜地工作赚来的。每天，我都要和一百名有潜力的学生谈话。有一天，当我醒来时，我的舌头在碰到牙齿的那一刻产生了剧痛！我跑到镜子跟前，看到我的脸肿了起来，并且我无法说话，也无法进食。慌忙之下，我去了医院，医生让我卧床一周。我的免疫系统崩溃了，体内的生物平衡被打破，并且开始攻击我的嘴。这种情况可以出现在身体的不同部位。我取得了成功，但是却落得如此下场。

汤馆拯救了7-11便利店

企业家精神十分有趣。如果你下定决心要做一件事情，你就会成为法律、规定、法规和障碍等各个方面的专家，然后摸索出一条解决问题的道路。

奥泽尔·奇莱尔先生，土耳其前总理的丈夫，土耳其所有7-11便利店的所有者，就是一个例子。他是我见过的最多才多艺的企业家之一。

他将7-11便利店引入了土耳其。那时我还是个学生，同时也是土耳其特许经营协会的总干事，奥泽尔·奇莱尔担任会长。7-11分店在国内开遍了大街小巷，但是其开设在伊斯坦布尔的总店却存在一个问题。7-11便利店，根据定义，应该是24小时营业的，这也是其名字的寓意。但是该自治市的法规却不允许24小时营业。运营一家夜间停止营业的7-11便利店就失去了意义。

然而，根据自治市的法规，汤馆不在这个限制性条文的范围内，鉴于7-11便利店也经营汤品业务，因此这个问题就这么解决了。世界上第一家赋予汤品以特殊意义的7-11便利店就在伊斯坦布尔。

因此当有人告诉我某件事情违反法律时，7-11的故事都会立刻浮现在脑海中。企业家既不会制造问题，也不会成为问题的一部分。当他们遇到障碍时，他们会努力寻找解决之道！

来自美国的命运解读咖啡杯

一天，奇莱尔先生让我去他的办公室——一间被文件和资料堆满的房间。按照我的预想，他应该是在一个大得多的办公室办公。

奇莱尔先生非常专注于自己的工作，在他的房间里，你甚至无法找到可以坐的地方。

在简短的欢迎后，他拿出了一套包装好的土耳其式咖啡杯并交给我。“这些是用来干什么的？”我问道。“这是我们在美国的时候我订做的，当时想要将这些杯子卖给超市。”和这些杯子一起的还有一本小册子，告诉你如何根据杯中的土耳其咖啡残渣解读命运，这种方法大多数土耳其人都知道。当时他没有时间在美国市场上销售，因此他将这些杯子带回了土耳其，现在他建议我将这些杯子卖给国内的超市！

我说：“奇莱尔先生，美国人或许会对如何根据咖啡残渣解读命运感兴趣，但是这里是土耳其，每个人都知道怎么做，再说了，这些说明是用英语写的。”感觉出我缺乏兴趣后，他将盒子收了起来。我理解：他是一个企业家，他在美国想出了这个点子，并订做了这些杯子，但是却没有能力实现他的计划。现在他仍在寻找着利用的方法，无法放弃。他并不在意是否能从中赚到钱。他只是希望他的商业理念能够存活下来并发扬光大。

拜巴尔·阿尔屯塔斯原则

一个企业家必须要有原则。若你将要生产一件产品或推行一项服务，那么你必须以正确的方式去对待。若未能成功，或者你销售的产品并非物有所值，那么你可能是任何东西，但绝对不会是一名企业家。

法律、规定、法规可能会对某些类型的产品开发做出规定。但是，即使法律没有要求，从道德层面来讲，你也有义务在能力范围内生产出质量更好的产品。比如，若法规规定一款纸质品的重量不得小于90克，但是生产的产品有300克会更胜一筹时，那么就必须生产300克的产品。通过这种方式，你将创造出一个优质品牌，而不仅仅是买卖一个产品。诸如此类的个人决策就构成了拜巴尔·阿尔屯塔斯原则。

我十分看重自己的原则。其中一条就是在优秀的企业家身上投资。在进行投资和合作时，比起项目本身，我对企业家的兴趣更加浓厚些。设想一下：一名企业家是一名在赛场上拼搏的球手，而你则是他的教练。若你的学员在赛场上表现出色，他会接受你给予的建议；若你的学员使用他自己的道德准则，那么他是一个好的球手。他可能是一个好的球手，但是倘若他并不是一个成功的球手，那么你就必须改变游戏规则。比如，他可能想要打篮球或踢足球。但是如果他不具备足球运动员所需的技能，那么无论他如何坚持，他都不会成功。当一个B类人想出了一个A类项目——这是一个错配——我是不会在他身上投资的。我宁愿和一个带来B类项目的A类人合作。

成为一位人缘好的人

企业家应维持良好的人际关系，成为一位人缘好的人。我是一位人缘好的企业家。比如，一般情况下，我可能会想，这个人曾经开除过我，所以我不会再和他一起工作了。昨天已经发生并且过去了，现在我们应该看向未来。如果因为某一特定行为发生了不幸的事，我会将它作为未来的一个教训。人缘好是很重要的。你很可能会在完全不同的地方再次遇见过去的某个人。你最好先因为对方的为人接受一个人，然后才是因为对方的行为接受他。

时刻记得我的事例，曾经开除我的旅行社总经理，最终却为我工作。记着这个谚语：将某物保留七年，总有一天你会用上它的。

礼貌地倾听每个人，但自己做决定

每次我拜访奥泽尔·奇莱尔，他都会在门口迎接我——非常的绅士！开始的时候，我深受感动，并将他的行为作为我学习的典范。

奥泽尔·奇莱尔对每个人都非常礼貌。他会礼貌地倾听每一个人，但会做任何他想做的事。我将他的积极态度用于每项事业中，并将他的礼貌作为我学习的榜样。正如我在前文中所解释的，尽管他不会拒绝任何事，在考虑过每个人的意见后，他最终会做他认为最好的事。这些行为给我留下了非常深刻印象，使我一度注意到，我开始看到装了半杯水的玻璃杯了。我将不再消极地看待事情。拥有这种思维的人能够轻易赢得人心。

他的书比史蒂夫·乔布斯的书还畅销

当我决定写作这本书时，每个人都劝我现在不是合适时机。“为什么不是？”我问道。史蒂夫·乔布斯刚刚去世。整个媒体都在关注这一新闻。他的书最近才出版。“现在没人会买你的书；他们都会去买乔布斯的书。他的书才是现在商业媒体的畅销书。”

我仔细考虑了一番。我觉得现在才是出版我的书的最佳时机。当整个媒体都在关注史蒂夫·乔布斯时，如果没有人对我的故事感兴趣，我就可以为销量不佳找到非常好的借口。我可以说，“史蒂夫·乔布斯的书才刚出版，每个人都在发表关于它的新闻。没有人对我的书感兴趣。因此，我的书卖得不好”。并且无论如何，人们都会觉得我是对的。但如果我的书大获成功，那将是另一个故事。这将成为历史新高，并且我的书在几百年内都不会被人遗忘。

所以，我没有听取人们的建议，并在理论上最不合适的时间出版了我的书。史蒂夫·乔布斯去世于10月5日，他的书成为畅销书。我的书首次出版于11月4日，并于第二周上架销售。

我记得是在第一周的某个清晨，安纳托利亚出版社给我打电话。“恭喜您，阿尔屯塔斯先生。您的书在商业界引起了不少共鸣。截至昨晚，史蒂夫·乔布斯的书滑落到畅销榜的第二名，而您的书赢得了第一名！我们想对您进行一次采访。”

我简直不敢相信我的耳朵。我立即上网查看，再一次，我不敢相信我的眼睛！即便是在我最疯狂的梦里，我也不敢相信会发生这样的事。我的书仅在几周内便售罄，但销量已经超过了史蒂夫·乔布斯的书。

安纳托利亚新闻社一发布这一消息，整个媒体便到处都是类似于“书籍比史蒂夫·乔布斯的书还畅销的人”这样的头条。

由于我的新头衔——书籍比史蒂夫·乔布斯的书还畅销的人，所有新闻媒体和电视频道都开始邀请我参加现场采访和脱口秀节目。一个月内，我在20多个电视节目中出镜。

即使是在7个月后，我的书仍高居榜首，这让我又创造了另一个记录。幸运的是，每个人都会想知道，如何才能从公交一族蜕变并跻身超跑行列！

在这本书上架之前，我曾请一家广告公司为这本书策划宣传活动。我立即取消了我的预订。现在，你正阅读的畅销书没花一分钱的广告费。

10个月内，这本书已被印刷了22次。随后，它被翻译为阿尔巴尼亚语版本，并在阿尔巴尼亚、马其顿、科索沃、波斯尼亚和黑塞哥维那上架销售。

你瞧，我自身也在践行我提供给你的创业建议。如果我按照其他人给我的建议行事，你现在可能就不会阅读到这本书了。我确实听了，但我最终并未听取他们的建议。每个人都因为《龙穴之龙》而认识我，但现在他们也会因为我是一名畅销书作家而认识我。我曾保证过要回复每一封读者的来信，并且我已与他们建立起非常良好的关系。我们成为非常棒的团队。

拜巴尔·阿尔屯塔斯粉丝俱乐部

有一天，当我正在查看我的脸书时，我收到这样一条消息："想成为拜巴尔·阿尔屯塔斯粉丝俱乐部会员的人请点击这里。"我点击了。它是一个拥有5名会员的粉丝网页。

说实话，我并不是非常在意，也不感兴趣。我不是一名歌手或艺术家，我是一名商人，一个企业家。世界上没有哪个企业家拥有粉丝俱乐部，所以我认为这没什么意义。一个月后，我又收到同样的信息。这一次，粉丝俱乐部的会员人数增加到600。

这使我开始更认真地对待它。谁是这个俱乐部的创办者，他们为什么要创办它？我直接向创办者发送了一封邮件。我遇见了一名来自土耳其另一座城市的追随者。他一直密切关注我做的每一件事，所以他创办这个俱乐部以聚集和他一样的人们。然后他就成为俱乐部的主席。

后来，我在一次会议上与他们相见，随着时间的推移，我们逐渐发展起深厚的友谊。我拥有一支团队，他们会参加我的所有会议和研讨会。最终，俱乐部拥有大约2500名会员，经营着分布50个城市的分会，并且每个分会都有他们各自的管理人员。

2012年3月，粉丝俱乐部在伊斯坦布尔为所有会员举办了一次介绍性会议。我携小女儿埃达出席了会议。我遇到了遍及全国的企业家。其中最有趣的是一名德国俱乐部的会员，她从德国远道而来。她后来成为德国俱乐部分会的会长。

很快，俱乐部便创建了自己的网站。这是世界上第一个企业家粉丝俱乐部网站，所以我感到非常荣幸。你可以在网站上申请成为我们的会员，网址是www.baybarsaltuntasfanclub.com。

在土耳其召开的第二届创业峰会

你可能会记得我曾希望能够继奥巴马在华盛顿召开的第一届创业峰会之后，在土耳其召开第二届创业峰会。在土耳其总理的支持下，土耳其于2011年12月3日至4日成功举办第二届创业峰会。

美国副总统乔・拜登出席了开幕式。峰会召开于伊斯坦布尔，10名部长分别代表政府出席会议，并有3000名企业家参加会议。

乔・拜登在会上发表长篇演讲，指出土耳其企业家对世界经济的重要性。奥巴马和我的合影照片被用于峰会展示和各种政府网站上。

这体现了商业理念的重要性。

位于华盛顿的美国有线电视新闻网络（CNN）国际演播室

“中东企业家协会创始人到”，门童检查我的通行证时说道，并在电话里通知我的到来。我们与两名在华盛顿为土耳其大使馆处理公共关系的美国高管一起上楼。在开往演播室的车里，我已经询问了关于现场直播的许多问题。这将是我第一次参加全英文现场直播。“我们可以提前知道问题吗？”我问道。

美国高管回答道：“我们可以到那里后问问，阿尔屯塔斯先生。”我在电梯里重申了这个请求。过了一会，他告诉我他们说不可能让我提前知道问题，但如果我希望的话，他们可以取消我的出境。

“没问题，我们继续吧”，我回答道。

我正坐在演播室。那是什么样的呢？一个极小的演播室，至多10平方米。“采访记者在哪？”我问道。

“采访记者将在伦敦向您提问。他们将给您戴上耳机，所以您只需要听他提问并回答，就好像他就在演播室里一样，同时您要看向那边的摄像机。”

我可以听到横跨大西洋的问题，但并不都是那么清楚，声音很模糊。节目结束后，我以前的土耳其教授与我交谈。结果他看了这期节目。当他说“你表现得很好”时我才终于松了一口气。

全球创业周

每年11月，世界各地都会庆祝全球创业周。土耳其的主要日报之一——《民族报》报道了土耳其为庆祝这一特别周所举办的活动。

全世界的土耳其企业家齐聚伊斯坦布尔参加创业论坛——全世

界127个国家欢庆的“全球创业周”的一部分。这周的焦点是伊斯坦布尔，但马尼萨在这周也没闲着。

马尼萨商会主办了名为“如何成为企业家”的研讨会，由众多年轻企业家渴望见到的拜巴尔·阿尔屯塔斯主讲。很高兴能见到阿尔屯塔斯先生，并受益于他的观点。他和他的妻子拉基比都是非常好的人。

按照我们热情好客的传统习俗，我们应该在著名的艾尼阿里茶与咖啡屋用“苏丹茶”款待我们的贵客——阿尔屯塔斯先生。所以，我们在机场接到他之后，就这么做了。得益于阿尔屯塔斯太太拉基比的帮助，我们的对话被拍下并上传到YouTube上，立即引起全国网友的评论。我甚至收到了手机短信。

喝完“苏丹茶”后，我们一同前往会议地点。主会议室挤满了5500人，只剩下站的位置了。阿尔屯塔斯先生的演讲非常成功。我们了解到成为一名企业家的秘诀，并从他的新书中获得提示。

多年来，有超过十万人参加了我在各国的创业会议。当我到访一个国家参加会议时，我经常在广告牌和广告上看到我的照片。我的观众年龄从7岁到77岁不等，与会者包括州长、市长和其他政府官员。似乎每个人都渴望成为一名企业家！他们都希望学习我创业的秘诀。许多政府、非盈利组织和高等教育机构对我对世界创业生态系统的贡献表示了感谢。

您可以向baltuntas@deulcom.com.tr提交会议申请。

六、跟随我的指引

给予总比索取好。

——拜巴尔·阿尔屯塔斯

我已经非常坦率地向您讲述我的人生故事。我有错过什么吗？当我问我自己做过什么时，导致我获得成就的方式可归结为三步：形成你的商业理念；变得忙碌；并一直继续下去！

当我还是大学生时，我用25美分创立了土耳其特许经营协会。现在，这个协会旗下聚集了几乎每一个土耳其特许经营品牌。每年，它通过展会、杂志和出版物获得成千上万美元的收入。那么，我创建这一协会的秘诀是什么呢？非常简单：当别人忽略的时候，我行动！任何人都可以做到，但他们没有。我在做这件事上并不比其他人有优势。对我而言，它似乎合乎逻辑，并且我认为我不会有任何损失，所以我采取行动而非空想。

当我还是一名大学生时，我仅投资了400美元就创建了Deulcom，并赚取了数百万美元。那么，我的秘诀又是什么呢？非常简单：在周日报纸上刊登一则广告，任何人都可能做到，但他们没有。

我们的总理曾委托我送信给美国总统，当奥巴马总统宣告21世纪创业精神的重要性时，他在世界媒体的面前欢迎我。成就这一社会事业的秘诀是什么？非常简单：正确的商业理念。

最初，我没钱、没人脉，也没人支持我。但我有好的商业理念，而且这些理念来的正是时候。我是一名企业家，并将坚持不懈地努力下去。

简而言之，这就是我的人生故事。但我错过了一些事！

我可能并不是一个非常虔诚的人，但当我看向神像时，我能轻易看到墙上的字。为此，我非常感激上帝的帮助。他总是回应我的祷告。

因此，我可以向你们保证，你们也能达到我的成就。你们可能甚至比我更成功，这是完全有可能的。

如果你被困在路上，给我发个消息。告诉我你在读完这本书后开始做了什么。在推特上关注我，在脸书上加我好友，加入我的网站，关注我的博客。一直保持联系。

我祝愿世界上所有的成功都属于未来的拜巴尔·阿尔屯塔斯企业家。

切记：先赚取，再投资。

通过以下渠道关注我：

www.facebook.com/baybars.altuntas

www.twitter.com/baybarsaltuntas

www.youtube.com/baybarsaltuntas

www.baybarsaltuntas.com

www.baybarsaltuntasnotes.com

baltuntas@deulcom.com.tr

附　录

葡萄牙波尔图之行

——面向全球创业者的活动笔记

2016年，5月25~27日，我在美丽的葡萄牙波尔图参加由葡萄牙全国商业天使俱乐部和协会联盟（FNABA）及波尔图市政府主办的“第16届欧洲商业天使联盟大会（16th EBAN Congress）”。这次会议的主题是“助力欧洲（Scale Up for Europe）”，来自世界各地的250余名天使投资人、企业加速器与孵化器、众筹投资人、证券交易所、风险资本家、商会代表前往波尔图出席为期三天的会议，并为其提供融资。

我非常欣赏本次主办方选择的大会主题，“助力欧洲”这个话题在欧洲引起广泛讨论。正如美国驻欧盟大使安东尼·加德纳2015年2月在伊斯坦布尔的世界商业天使投资论坛（WBAIF）上指出，欧洲的主要问题不在于创业，而在于扩大企业规模。因而，你可以领略加德纳对欧洲创业生态系统的真知灼见。

这次大会最重要的一项会议主题是发布了2015年欧洲天使投资的统计报告。数据显示：2015年欧洲天使投资增长了10%。当时欧洲经济发展缓慢，但天使投资人仍成功地扩大了早期投资市场。这使得土耳其成为继英国、西班牙、德国、法国和芬兰之后的第六大欧洲早期投资市场，其市场总额达61亿欧元。

此次作为受邀代表团的成员，我与波尔图市市长鲁伊·卡瓦略·阿劳霍莫雷拉进行了深刻的交流与讨论。我很欣喜地发现，市长先生也是土耳其航空公司的忠实粉丝。土耳其航空公司每天都有从伊斯坦布尔直达波尔图的航班。

随着全体会议和2016～2018年新一届理事会选举，本次大会对于欧洲商业天使联盟的内部组织也是一个重大的转折点。选举主持人宣布，坎迪斯·约翰逊主席获得连任，任期为两年。我和里克·阿西凯宁一同选为副主席，由耶斯佩尔·加贝克担任财务部长。

拜巴尔·阿尔屯塔斯出席会议

大会颁奖庆典不仅给予年度优秀创业家奖励，还鼓励了创业者背后的的天使投资者们，这些投资家始终坚持为完善世界各地的企业和创业金融生态系统而孜孜不倦地工作。我很荣幸，连续三年获得“世界创业生态系统中参与早期投资的欧洲最佳个人奖”。

在大会开幕式上，我宣布了2017年2月13～14日在伊斯坦布尔举办“2017世界商业天使投资论坛”的会议信息。接着，发表了题为“从创业到开拓再到退出，与创投机构携手合作”的演讲，我强调了要重点关注金融科技的投资机会。

会议第一天，我还主持了两场引人入胜的专题研讨——“证券交易所如何帮助更多的商业天使退出市场”以及“与商会携手支持创业生态系统”；会议第二天，我主持的会议主题为“全球关注焦点：非洲、中东和中国”。

波尔图正逐渐成为成功企业家的一方沃土。这源于政府、企业家、天使投资者和银行家的信念，他们相信能创造更多就业机会和财富。我认为“创业”和“创新”应该是波尔图的两个关键词。强调这两个关键词并不足为奇。作为葡萄牙和南欧的主要城区之一，波尔图有着强大的创业和创新生态系统。科学生产、公私合作伙伴关系以及强大的企业部门使得由市政府支持的当地创新生态系统充满活力，富有竞争力。

欧洲商业天使联盟大会在波尔图前证券交易所举行（波尔图股票交易所），该交易所已经成为葡萄牙最大的衍生品交易场所，并与里斯本证券交易所合并，创立了葡萄牙交易所（Bolsa de Valores de Lisboa e Porto，BVLP）。最终与泛欧交易所、阿姆斯特丹、布鲁塞尔、伦敦国际金融期货交易所以及巴黎证券和期货交易所合并。该证券交易所目前是波尔图的一处旅游景点，Salão Árabe（英语含义为“阿拉伯室”）便是一大亮点。在阿拉伯室这美轮美奂的历史性会场参加专题讨论和辩论，并进行主题演讲，为此我和欧洲商业天使网络代表们感到非常荣幸。

葡萄牙

世界经济论坛发布的2014～2015年全球竞争力报告中，葡萄牙的经济指数位列第36名。而2013～2014年仅位列第51名，这表明葡萄牙的竞争力获得了显著的提升。

葡萄牙国旗

在经济学人智库对生活质量指数的排名中，葡萄牙在2005年位列全球第19名，领先于其他经济技术发达的国家，如法国、德国、英国和韩国，但却比唯一的邻居西班牙落后9名。这是因为葡萄牙仍是西欧人均GDP最低的国家。

《经济学人》杂志在2007年4月分析了葡萄牙低靡的经济状况，并将葡萄牙称作“欧洲新病夫”。2002~2007年，葡萄牙失业人数增加了65%（2002年失业人数为270500人，2007年失业人数为448600人）。截至2009年12月上旬，失业率已经达到10.2%——创23年历史新高。2009年12月，国际评级机构标普公司将葡萄牙的长期信用评级从“稳定”下调至“负面”，声称葡萄牙经济结构薄弱，缺乏竞争力，会妨碍经济增长，以及需要增强公共财政和减少债务的能力。2011年3月，评级机构穆迪警告葡萄牙不断恶化的违约风险，并于同年7月下调其长期信用评级。

《欧盟观察家》引用安永会计师事务所2013年的报告表示，葡萄牙是西欧最腐败的国家。

随着时间推移，葡萄牙经济逐渐与欧盟水平接轨，其中1986年至21世纪早期具有特殊的意义。巴里（2003年）表示，“至少相对西班牙而言，葡萄牙最关键的地方似乎是经济所显示出的劳动市场灵活度。葡萄牙人力资本储备相对较低，导致经济主要依赖低技术含量的生产，因而其与欧盟水平的接轨令人瞩目”。

里斯本泛欧交易所的挂牌公司，如EDP, Galp, Jerónimo Martins, Mota-Engil, Novabase, Semapa, Portucel Soporcel, Portugal Telecom和Sonae，在员工人数、净收入或国际市场份额方面是葡萄牙最大的企业。里斯本泛欧交易所是葡萄牙的大型证券交易所，同时也是纽约泛欧证交所的重要组成部分（全球第一家证券交易所）。葡萄牙最严格且最广为人知的股票指数是PSI-20。

波尔图

2001年，波尔图荣获“欧洲文化之都”的美誉。在这类大型活动中，大型音乐厅（如波多音乐厅）的空间由荷兰建筑师雷姆·库哈斯着手设计，于2005年开始打造并于同年竣工。

拜巴尔·阿尔屯塔斯在波尔图

波尔图位于葡萄牙北部的杜罗河畔，是欧洲最古老的中心之一，其历史核心于1996年被联合国教科文组织列为世界遗产地。其市区的西部延伸至大西洋海岸线。而土著居民则可追溯至几百年前，当时波尔图仅仅只是罗马帝国的边远村落。其名称Portus Cale是凯尔特语–拉丁语合成词，被认为是“葡萄牙（Portugal）”名称的来源，是基于拉丁语的音译和口音演化而成的。在葡萄牙语中，该城市的拼法带有定冠词[1]。因此，其英语名称由语音误解演变而来，现代文学和许多讲葡萄牙语的人将其称作Oporto。

葡萄牙国际知名的出口品——波特酒，就是以波尔图命名的，因为大都市区（特别是加亚新城的酒窖）负责葡萄酒的包装、运输和出口。2014年，波尔图被欧洲最赞的旅游代理机构评选为欧洲旅游最佳去处。

欧洲商业天使联盟（EBAN）

欧洲商业天使联盟是早期泛欧投资界的代表，如今汇聚了来自59个国家的170个成员组织。在欧洲委员会和欧洲发展机构协会（EURADA）的协助下，一群天使网络组织的先驱们于1999年在欧洲成立欧洲商业天使联盟，该领域每年估计投资75亿欧元，并对欧洲的未来（尤其是中小企业的融资）发挥着至关重要的作用。欧洲商业天使联盟通过创造财富和就业机会，促进欧洲经济的增长。其宗旨是代表欧洲早期投资市场，开展天使投资生产调研，提供事实并引领趋势，探索并分享早期融资行业的最佳实践，扩大商业天使网络和早期融资在欧洲的影响和知名度，促进行业中各企业家之间的协同效应和交流机会，支持欧洲人才结构和质量标准的发展，并支持天使投资以及早期工业和运动的国际化。

---

[1] “oPorto”，其英语拼法为the port（港口）。

欧洲商业天使联盟（EBAN）总部

联盟成员来自于欧洲国家个人商业天使网络、区域及国家商业天使网络联盟以及商业天使网络，他们面向国际，有着早期风险投资基金，并有其他实体参与促进欧洲的早期投资市场。加上北美同行“美国天使资本协会（ACA）”，该协会是世界天使投资联盟（WBAA）的创办会员之一。欧洲商业天使联盟主席坎迪斯·约翰逊是成立于2015年3月19日的全球商业天使网络（GBAN）的五位联合主席之一。欧洲商业天使联盟的五项主要活动：①制定行业标准、培训及认证。②标杆管理、研究并与业内人士建立交流网络。③政策游说。④增强投资人意识及投资专业能力培养。⑤跨境合作。

官方网站为：http://www.eban.org。

欧洲商业天使联盟研究院（EBAN Insititute）

欧洲商业天使联盟研究院是一个独立的国际研究及教育机构，旨在商业天使的培养与发展。总部位于布鲁塞尔（Brussels），该机构为科学研究和实践经验提供了桥梁作用。尤其是在欧洲，风险资本的潜力还有很大挖掘空间。欧洲商业天使联盟研究院不仅促进了区域天使网络间经验的持续交流，还实现了跨区域天使网络的交流。该机构主要有三大目标：①增加初创企业生态系统天使投资者的人数。②增进天使投资人的实践经验。③通过商业天使跨区域合作来促进持续学习。为了实现这些目标，该机构组建了研讨会，开办了综合课程，为潜在投资人提供“认证商业天使（CBA）”培训，并通过认证天使圈子提供校友服务。我很荣幸担任了该机构的主席。

官方网站为：http://www.ebaninstitute.com。

欧洲商业天使网络欧盟项目办事处

该办事处负责欧盟项目的运行。欧洲商业天使网络每年与政府及非政府组织等共同合作运行了多个欧盟项目。欧洲商业天使网络欧盟办事处负责人为安娜·巴尔雅西科。

欧洲商业天使联盟颁奖（EBAN Awards）

这些奖项将在每年的晚宴颁奖典礼上颁发，作为欧洲商业天使网络会议环节之一。其中共有6类主要奖项：最佳欧洲早期投资者（Best European Early Stage Investor）、早期投资者资助的成功项目（Successful Business Financed by Early Stage Investors）、参与世界创业生态系统的欧洲最佳个人（The Best Individual in Europe Globally Engaged with the World Entrepreneurial Ecosystems）、最佳欧洲商业天使周活动（Best European Business Angel Week Initiative）、业绩最佳欧洲商业天使网络会员（Best Performing EBAN Member）、业绩最佳新欧洲商业天使网络会员（Best Performing New EBAN Member）。

2015年举行了第11届欧洲商业天使联盟颁奖典礼——庆祝和嘉奖个人及组织取得成功和对早期投资市场重大贡献的特别活动——该典礼在2015年5月26日于葡萄牙波尔图市的前证券交易所（Bolsa do Porto）举办。

第11届欧洲商业天使联盟及颁奖典礼照片

欧洲商业天使联盟年会（EBAN Annual Congress）

每年的4月份或5月份，欧洲商业天使联盟都会与欧洲商业天使联盟成员合作，在不同的欧洲城市举办泛欧洲会议。举办这些年会前，欧洲商业天使联盟协会通常都会为商业天使、潜在的商业天使、商业天使网络管理人员及创业家提供培训。欧洲商业天使联盟研究院培训结束后，由欧洲商业天使联盟主席举办年会。在欧洲商业天使联盟研究院培训的晚上有一个传统，即赞助者与国际发言人会在VIP晚宴上共同出席欧洲商业天使联盟理事会。一般而言，董事会是在VIP晚宴前举办的。年会第一天的晚上就是晚宴及颁奖典礼。而年会是在第一天结束时在晚宴及颁奖典礼前举办的。欧洲商业天使联盟主席在第二天下午发表闭幕致辞后即表示年会结束。

所以，年会实际上是“大会+欧洲商业天使联盟研究院培训+理事会+晚宴及颁奖典礼”的结合。

2016年，第16届欧洲商业天使网络年会于2016年5月25日及26日在葡萄牙波尔图的前城市证券交易所（Bolsa do Porto）举办。此次年会是与葡萄牙国家商业天使俱乐部和协会联盟联合组织的——由葡萄牙国家商业天使俱乐部和协会联盟及波尔图市政府联合举办。该年会专注于“助力欧洲”这一主题并欢迎广大商业天使、家庭投资者、风险基金、企业加速器、种子基金及创投慈善家的加入，同时邀请他们参与和来自欧洲及世界各地的创业家的互动。

了解更多大会信息，请查阅官方网站http://scaleupforeurope.com。

欧洲商业天使网络年度统计数据（EBAN Annual Statistics）

每年的大会都会发布年度统计数据。本次的研究报告反映出2015年早期投资市场增长的态势。其中，天使投资活动的表现尤为突出，不仅投资金额大幅上涨，现有欧洲商业天使投资者的人数也在增加。数据还显示了，欧洲地区联合投资的持续发展以及早期基金的显著增长。

以下为欧洲商业天使联盟2015年度统计的核心结果：

① 天使投资从2012年的55亿欧元增长至2015年的61亿欧元，增长8.3%。

② 早期天使投资市场的预估总额约为86亿欧元。

③ 英国在欧洲天使投资（有形市场）中投资额最高，为9600万欧元，其次为西班牙（5500万欧元）和德国（4400万欧元）。

④ 欧洲的天使投资群体由大约303650名投资人组成。

⑤ 欧洲约有470个正式的天使投资组织。

⑥ 2015年，每家公司的平均投资增长至18.4万欧元（2013年为16.6万欧元）。

⑦ 每位天使投资者的投资从20437欧元下降至19990欧元。

⑧ 信息通讯技术获得了22%的投资金额及37%的交易数量，其次是制造业和生物技术与生命科学行业，分别获得了13%与11%的投资金额，移动行业则获得13%的交易数量。

⑨ 商业天使通过早期基金，与其他天使合作，不断地进行更多投资交易。

葡萄牙国家商业天使俱乐部和协会（FNABA）

FNABA旨在：加强葡萄牙国家商业天使俱乐部和协会的活动；作为商业天使和政府利益相关者的联络机构；传播天使投资活动、激励计划及投资机会的相关信息。它们代表了葡萄牙17个商业天使组织中16个组织。

葡萄牙国家商业天使俱乐部和协会目前的领导组织是由现任主席米格尔·恩里克斯带领的Invicta Angels及Associação de Business Angels do Porto两家机构。

官方网站为：http://www.fnaba.org。

Palácio da Bolsa（证券交易所）

证券交易所所在的大楼 （Palácio da Bolsa）是葡萄牙波尔图的一座历史建筑。该大楼是由该市的商会（Associação Comercial）于19世纪建成的，建筑风格为新古典主义风格。大楼坐落在波尔图历史中心区的亨利王子广场（Infante D. Henrique Square），并被联合国教科文组织（UNESCO）认定为世界历史遗迹。

证券交易所大楼

证券交易所毗邻波尔图的圣方济各堂（St Francis Church），该教堂曾是建于13世纪的St Francis修道院的一部分。1832年，在解放战争期间，修道院的回廊遭到了炮火轰击，圣方济各堂便被分离出去了。1841年，玛丽二世将修道院废墟部分捐赠给该城的商人，商人们决定将该地建为商会所。

在波尔图建筑师Joaquim da Costa Lima Júnior完成设计后，于1842年开始建造工作，该设计师受到该城市早先建筑的启发，曾设计过帕拉弟奥建筑风格式（Palladian）的新古典主义风宫殿。多数宫殿在1850年便完成建造，但是宫殿内部装修却一直到1910年才完成，并由多名不同风格艺术家参与设计。

宫殿的第一个建筑师是Joaquim da Costa Lima Júnior，他从1840

年到1860年一直都在负责该项目。他负责建筑的总体设计，设计风格受到18世纪后期风靡波尔图的新帕拉弟奥建筑风格式建筑的启发，例如St Anthony医院[1]、英国工厂（English Factory）[2]以及很多由葡萄牙建筑师卡洛斯·阿马兰特（Carlos Amarante）设计的项目。

宫殿中的很多房间——审裁室、会议室、金色厅——都摆放了由Jos é Marques da Silva设计的家具、Jos é Maria Veloso Salgado和João Marques de Oliveira执笔的寓言画以及Teixeira Lopes设计的雕像和众多其他艺术品。不过，宫殿的亮点却是由Gonçalves e Sousa建于1862～1880年间的Arab Room（阿拉伯室）。该房间的装饰风格是风靡19世纪的摩尔复兴（Moorish Revival）风格，并作为接待方访问波尔图的各国领导和人员的接待厅。

本次大会在波尔图前证券交易所举行（波尔图股票交易所），该交易所之后成为葡萄牙最大的衍生品交易场所，并与里斯本证券交易所合并，成葡萄牙交易所（Bolsa de Valores de Lisboa e Porto，BVLP）。最终与泛欧交易所、阿姆斯特丹、布鲁塞尔、伦敦国际金融期货交易所以及巴黎证券和期货交易所合并。

官方网站：http://www.palaciodabolsa.com。

[1] 由英国建筑师约翰·卡尔（John Carr）设计。

[2] 由另一位英国建筑师约翰·怀特海德（John Whitehead）设计。

每一天的日程

第1天：2016年5月25日，星期三

我早上6：00和阿卜杜勒·马利克·贾巴尔集合并驱车前往伊斯坦布尔机场，飞往波尔图的航班上午8：30起飞。阿卜杜勒·马利克·贾巴尔是中东天使投资人协会的主席（MBAN），也是Teletech公司总裁。在前往机场的路上，因为和他相谈甚欢，我错过了机场出口，不得不再开15分钟，驶出伊斯坦布尔（开到了Bahcesehir）才找到了掉头的路返回机场。而在这次失误中，他正好能好好欣赏一下伊斯坦布尔的风景，发现不一样的伊斯坦布尔。办理完登机手续之后，我们还有时间去贵宾室坐坐。贵宾室的早餐很美味，早餐过后，就该开始登机了。多让人意外啊！许多来自EBAN的朋友竟乘坐同一班机。随后我们便了解到，土耳其航空公司是该地区每天有飞往波尔图的直达航班的少数航空公司之一。

同阿卜杜勒·马利克·贾巴尔在土耳其航空公司的商务舱上享受4.5小时的飞行之旅后，我们于上午11：15抵达波尔图机场。波尔图机场很不错，庆幸的是我们抵达的时间错开了日常高峰期，所以当时机场环境相当安静。

从机场花25欧元转乘出租车到皇冠假日酒店后，是时候好好游览一下波尔图了。我们决定下午1：00在酒店大厅集合。我们在酒店前台购买了观光巴士车票。由于最近的公共汽车站只有50米远，所以我们很快就找到了车站。

在一次非常愉快的城市观光之旅后，我们在河边下了车，并在一家很棒的鱼餐厅享用了午餐。阿卜杜勒·马利克·贾巴尔点了鱼。每当你点鱼时，我建议你听听他的意见。说实话，我们土耳其人认为，世界上最好的鱼来自博斯普鲁斯。然而，在波尔图河边享用完鱼餐后，我才意识到这只不过是一种声称。波尔图的鱼也非常好吃！

另一小细节——令人难以忘怀的款待方式：鱼餐配以橙子。请尝尝波尔图的橙子，并记住我的话！

午餐过后，我们开始步行游览，穿过该城市的一座桥，到达了会场——艺术宫（Palácio das Artes），这儿常常举办雕塑、摄影、视频等各种有趣的展会。这座宫殿由文化部管理，是我们下午5：00董事会议的会场。阿卜杜勒·马利克·贾巴尔和我于下午5：00准时到达了会场。他太累了，不想参加会议，于是他回到了酒店。

参加EBAN理事会

在这场最新的EBAN理事会上，几乎无人缺席。从下午5：00至7：00，我们回顾了过去两年的议程，即自我们在都柏林当选为理事会成员之日起。

会议结束后，我们转移到艺术宫的餐厅，共同享用了晚餐。在大会开始前，EBAN理事会成员与发言人和国际贵宾共同进餐是一种传统。顺便说一下，EBAN研究院培训及全球投资者论坛的时间已定于5月25日下午。

团体贵宾晚宴大约结束于晚上11：30，我大约凌晨1：00才躺上床。清晨从伊斯坦布尔出发，深夜在波尔图结束，这真是漫长又令人精疲力尽的一天。

第2天：2016年5月26日，星期四

在与朋友们一同享用完美味的早餐后，我们均到了波尔图的股票交易所。大会于9：30左右开始，首先由EBAN主席坎迪斯·约翰逊致欢迎词。在大会开幕式上，我将于2017年2月13～14日在伊斯坦布尔召开的下一次世界商业天使投资论坛上作一场非正式演讲。在此，您可以看到我对2017年世界商业天使投资论坛所作的演讲。了解更多有关2017年世界商业天使投资论坛的信息，请访问www.wbaf2017.org。

下午，我很荣幸主持了本次大会的两个重要专题研讨。

15：00～15：30 证券交易所如何帮助更多的商业天使退出市场

① 阿克塞尔·卡利诺夫斯基，主要市场LSEG的欧洲高级经理。

② 亨里克・瓦格纽斯，泛欧证券交易所欧洲负责人。

③ 米格尔・热拉尔德斯，里斯本泛欧交易所市场主管。

15：30～16：00 与商会携手支持创业生态系统

① 拉比・萨布拉，贝鲁特和黎巴嫩山工农商会总负责人。

② 依沃娜・默廷，高级政策顾问和欧洲商会项目经理。

③ 塞尔吉奥・马丁斯・阿尔维斯，中国工商会秘书长。

主持专题研讨

第一天的会议于下午6：00左右结束，之后我便与朋友们打车回到了酒店，准备参加晚上8：30以欢迎酒会开始的贵宾颁奖和庆典晚宴。

第11届欧洲商业天使网络颁奖和庆典晚宴在豪华的波尔图股票交易所举行。在鸡尾酒会上和朋友聊完天后，我们都转移到了餐厅。在这场美好的晚宴上，我与美国驻葡萄牙大使的妻子 吉姆·索耶阁下谈论了即将到来的美国大选，她和我们在同一张桌子上。她是妇女创业的真正支持者，她之所以来到波尔图，也正是因为其对妇女创业所提供的巨大支持，从而成为EBAN特殊贡献奖的获得者。

颁奖庆典不仅评选年度杰出的创业家，也为站在其身后的天使投资者们颁奖，我很荣幸地连续三年获得“在世界创业生态系统中参与早期投资的欧洲最佳个人奖”。

参加庆典晚宴

晚上11：30左右离开会场后，大家决定要感受下波尔图的夜生活，于是我们找到一家不错的餐厅，坐在椅子上，悠闲地品啜起了波尔图的葡萄酒。我和朋友们大约聊到了凌晨1：30，之后我们一起离开了餐厅，大约凌晨2：00我才躺上床。

在度过这个美好的夜晚之后，我们回到酒店睡觉。

第3天：2016年5月27日，星期五

在度过漫长的一天、睡了一个“长”觉（4小时）后，我又坐在了酒店餐厅享用早餐。我想再重申一遍：请尝尝波尔图的橙子！我不记得在世界上任何地方吃到过如此美味的橙子。虽然我通常不喜欢在早餐时吃水果，但在波尔图，即使是早餐时，我也能吃掉一个橙子。

早餐后，我们又到了大会会场。从8：00到9：00，我们在这一历史性会场内的一间可爱的历史性会议室内召开了大会。我们想象自己正处于几百年前的上议院。会议室的氛围非凡。

随着全体会议和2016～2018年新一届理事会选举，本次大会对于欧洲商业天使联盟的内部组织也是一个重大的转折点。欲了解其他来自19个国家的理事会成员列表，请访问以下网站：http://www.eban.org/about/eban-governance。

选举结果揭晓后，需转移至会场的阿拉伯会议室，对大会议程进行总结，时间为下午1：00左右。在闭幕式上，我非常荣幸能够主持以下会议：

上午11：30～下午12：00 全球关注焦点：非洲和中东

① 保罗·安德烈斯，欧洲商业天使网络名誉主席，国籍葡萄牙。

② 托米·戴维斯，非洲商业天使网络主席，国籍尼日利亚。

③ 穆罕默德，中东商业天使网络副主席，国籍巴林。

④ 穆罕默德·谢里夫，阿尔及利亚天使。

下午1：00左右，新当选的欧洲商业天使网络理事会成员均站上台，向参会人员道别。

在和朋友们聊到下午3：00后，我和坎迪斯·约翰逊开了一个简短的会议，因为他正急着赶去机场。随后，波尔图副市长菲利普将我带到了波尔图市会场，在那里，多家初创公司正试图争取50000欧元的拨款，以成为创业大赛决赛的入围者。那里确实有一些很好的项目，我决定在8月份打电话给其中一个决赛入围者，我特别想与他进一步讨论他的项目。

在与创业者进行令人愉快的会面后，菲利普和我去了市长官邸，在那里会见波尔图市长鲁伊·卡瓦略·阿劳霍莫雷拉。在府邸花园一边与EBAN的朋友和波尔图市长愉快地聊天，一边俯瞰波尔图市及其河流的美丽风光后，我回到了酒店，试图能够睡一个好觉，因为这是我度过的第二个充满娱乐和工作、但睡得很少的漫长的日子。

晚上9：00左右我就躺上了床。

第4天：2016年5月28日，星期六

上午10：00左右，我和我的朋友伊凡吃过早餐，便坐在大厅开始聊天，一直聊到了中午。之后，我回到了房间收拾行李箱。下午

1：00左右，我出发去了机场。到机场后，我与来自土耳其、芬兰和日本的朋友们在波尔图机场的贵宾休息室度过了美好的时光，直到下午3：00才坐飞机离开。

里卡多·卢兹的工作完成得非常出色，向他致敬！

感谢米格尔·亨里克斯所做的一切！

感谢菲利佩· 阿劳霍为使欧洲商业天使网络EBAN变得更好而所做的一切努力！

感谢所有大会成员的信任！

企业家的工具箱

企业家需要指导他们创建企业的实用提示。在这一章，你将看到81条帮助你起步的具体建议。这些建议全部来自我的自身经历。

首先，决定你是否是一名企业家

成为企业家的第一步是了解你自己。渴望成为企业家和实际成为企业家完全是两回事。当你评价你自己的时候，不要忽略别人的意见。我经常向参加我的会议的人们提出以下三个问题。你对这些问题的回答将帮助你成为一名企业家。当你难以抵抗当老板的诱惑时，请记住，你同时也要对与你共同打拼的人们负责。

① 孩童时期，你有没有听人们说过，“这个孩子长大后将成为大企业家”或“他长大后将非常富有”？

② 你是否真的想变得更独立，自己做决定，并赚更多的钱？

③ 你能抵抗压力吗？出现问题时，你是否会轻易放弃，或者，你能否立刻自我激励？

你是否具有企业家古怪的性格?

请记住，如果每个人都成为企业家，全世界将有70亿位企业家，那么整个系统将会崩溃。然而，当你问任何人是否想成为企业家时，答案总是肯定的。现在请考虑以下说法。如果你由衷地赞成，那么欢迎你加入我们!

① 当我构思新的经营理念时，我会开始大声地自言自语。

② 我非常讨厌权威，但我很享受成为权威。

③ 我是一个非常积极的人，并且非常善于沟通。我喜欢遇见新朋友。

④ 我具有优秀的销售能力。我思维敏捷，行动迅速。

⑤ 我不害怕犯错。我从我的错误中吸取了很多教训。

如果你共享这些想法，那我们有许多共同点。

当你想到商业理念时，以下是你需要采取的第一步

你想到了新的商业理念。以下是你首先需要做的事情。

① 做一些简单的市场调查，了解你的想法是否可行。征询你的朋友、家人、同事以及“路人”的意见，以了解你的想法是否受欢迎！确保你能嗅到金钱的味道。

② 如果你认为你的商业理念将受欢迎，就可以开始计划你的商业了。我向你推荐www. businessplan.com网站，它可以指导你制订商业计划。

③ 在制订你的商业计划时，列入你在营销方面能做的事，以及实施销售的方法。

④ 记下你为该商业筹措资金的方法。你有自己的资本吗？你将从家人、朋友那里借吗？你将从银行贷款吗？你将寻找天使投资者吗？或者，像我一样，你将卖掉第一个商业理念，然后再投资？或者，你将把所有鸡蛋都放在一个篮子里吗？

切忌把所有鸡蛋都放在一个篮子里

① 当企业家拥有一个新的商业理念时，他们很容易会忽视世界上其他事物。好吧，你可以成为一名企业家，这没问题。假设你拥有必要的资金。但请记住，谁也不能保证你的生意一定会成功。确保你拥有足以生存的钱，以防你投资失败，并且损失了所有的钱。

② 最初，我通过“先销售，再投资”的方法最小化我创建企业的风险。我可以通过家教轻易重置我的初始投资资金400美元。然而，并不是所有投资都适合我的“先销售，再投资”的方法。

③ 对于那些不适合的投资，我建议的公式是：如果你有资金支持这一生意，你就去做；否则，绝对不要着手。尽管我现在拥有足够的资金，但我不建议着眼不适合我的公式——“先销售，再投资”的生意。

承担合理风险

对于合理风险量的见解因人而异。一名大学生可以承担的风险不同于一名有家室的男人可承担的风险。比财务风险更为重要的是合理的商业模式。当你形成了良好的商业模式，当你问对了问题并给出了正确答案，你就提出了合理的风险地图。这张地图将引导你决定，在你的合理风险范围内，你能承受什么。你可以跟随我的引导，并询问你自己以下问题：

① 我将损失多少？如果我损失了，净亏损是多少？

② 如果我拿这些资本冒险，并且失败了，我将需要多长时间重置这些资本？

如果你能够确定你可能亏损多少，以及需要多长时间重置资本，你就算出了合理风险量。你正走在正确的道路上。

构思商业理念时应谨慎

① 如果你具有良好的销售技巧，但缺乏创建企业的资金，你可以通过成为一家公司的经销商而开始创业。

② 如果相比销售，你在人力资源方面更有天赋，你可以购买一家公司的特许经营权——例如，一家纺织公司——在那里进行后台操作，以此开始创业。

③ 如果你正在一家公司的管理层工作，你擅于商业计划并是

一名优秀的商人，你可能不擅于销售和人力资源，但你擅于组建团队，你可以成为一名擅于组建团队的企业家。

④ 如果你具备良好的销售技巧，你可以创建你的企业，无论资金是否短缺。如果你不擅于销售，你可以成为一家公司的特许经营商和经销商，并以此为起步，创建你的企业。不过，这些都需要资金。

确保建立你的人脉关系

你一定要人缘好。我可能是世界上最成功的人之一。我的成功很大程度上与我的人际关系有关。我投资的企业家也能利用我天使投资者的身份从我的人脉中获益，除了经济资本，这本身也是我能提供给合作企业家最大的资本。以下是我采用的方法：

① 与各种协会打交道。不仅与你感兴趣的人交流，而且与各种各样的人交流，出席各种招待会，扩大你的交际圈。

② 接过你遇见的人的名片，记下他们的号码，并把他们的信息保存在你的电脑里。务必在最初的48小时内向新联系人发送邮件，向他们表达认识他们的喜悦。

③ 交际应是一种生活方式。甚至去洗手间都别忘了带名片。

④ 不要忽略利用网络工具扩大你的交际圈。你应该登录脸书、领英、YouTube和推特。每天，你需要至少登录推特两次。关注我的推特@baybarsaltuntas。

准确定位你的目标市场

当你在制定营销计划时，你需要确定你的消费者资料。例如，假设你打算推出一门英语课程。你的目标人群是谁？是大学生、小学生，还是已经工作的成人？是准备考研或参加国家考试的毕业生吗？你应该为你的每样产品制定不同的营销策略。

① 很大程度上，你的市场决定了你的营销计划。

② 避免会见广告商，直到你确定了你的市场需求。

③ 一旦你确定了你的市场，你需要做的第一件事是找到合适的标语。标语宜简短，不可超过3～4个字。应向客户传递信息，告诉他们你理解他们，知道他们的需要，并且能够提供物美价廉的商品，满足他们的需要。

仔细分析你的竞争对手

土耳其有一句俗语："让蒸汽跟随你。"这对企业家而言非常重要。这个阶段最重要的事是了解你的商业理念能否成功。这要求分析你的竞争对手的优势和劣势。分析结果将告诉你，你是应该开始着手还是放弃这一商业理念并另寻商机。大部分企业家低估了这个步骤的价值。

当我创建Deulcom时，没有与之类似的其他企业，所以我可以轻易跳过这一步骤而进行下一步。我只能尽快扩张Deulcom，因为其他企业无法明白我的行动。

在分析竞争对手时，以下几点最为重要。拿起纸笔，并按下表比较你和竞争者的产品。

① 你的产品和他们的有何不同?

② 他们的售价是多少，你的意愿售价又是多少?

③ 他们采用哪些营销渠道，各种渠道的成果如何?

④ 如果你的产品或服务是独一无二的，你应该清晰地传达给消费者。如果你以更优惠的价格提供更优质的产品会更有利！但应注意你的优惠产品不可产生便宜货的形象。如果你的竞争者在公交车站上张贴广告，则你可能需要在公交车内张贴广告。你应该利用你的竞争对手没有采用的营销渠道。

我给你的建议是找一家注册地在你所在国家的专利局或专利代理人。这非常重要。

① 商标和版权是两个完全不同的事物，这两者你都需要了解。商标与企业活动有关，而版权则与艺术或知识产权有关（例如音乐、书籍、电影）。

② 你可以在网上上传你的徽章和标志以注册品牌。

③ 记得在网上获取并注册你的网址。我建议使用www.register.com。

当创建你的企业时，在以下三个选项中任选其一

现在，你拥有商业理念，已经完成前面的步骤，并且你的商业理念似乎将成功。是时候创建你的企业了。在以下三个选项中任选其一：

① 独资企业；

② 有限责任公司；

③ 责任有限公司。

我建议新晋企业家从有限责任公司起步。当试图制度化时，独资企业会存在一些问题，而对于一家新企业，责任有限公司的程序又过于繁琐。有限责任公司可由一人以合理成本创建。它能够在未来岁月里承担风险。

快速创建企业的提示

① 当你创建公司时，聘用一名会计。他可以迅速处理所有创建企业的程序。你只需要签署一些必要的文件。

② 向会计简要介绍公司的经营范围，以便他们为公司准备主要衔接文件。

③ 上网查看是否有其他公司使用相同名称。

④ 一般你可以在你所在城市的商会网站上找到成立公司所需的文件。

⑤ 租赁合同是成立公司所需的重要文件。

⑥ 为你的公司记账的会计将为成立公司准备文件，并且一般不会为此额外收费。

以下是一些帮助你找到办公室的提示

① 首先，你需要明确是你的客户上门找你还是你去拜访客户。这一问题的答案将帮助你避免在承租和装修办公室时产生不必要开支。

② 如果客户将来你的办公室，你必须注意以下几点：

a. 你的办公室宜易于找到；

b. 宜便于停车；

c. 宜易于进入。

③ 建筑物外墙宜有空间挂你的招牌。

④ 如果你将去拜访客户，你无须在显眼或中心地段办公。你可以在城市最合理的地段租办公室。

⑤ 你需要在租赁合同中添加以下几点特别条款：“承租人可在提前一个月通知对方的情况下单方面终止该租赁关系。如若这样，承租人无须承担退租后的任何房租。”

签订租赁合同时应注意以下几点

① 如果可能的话，请求免除一个月的租金以替代维修费用，

取决于场地的条件。

② 决定挂招牌的位置，并在租赁合同中详细说明该位置。

③ 合同中应注明该写字楼每周的营业天数以及每天的营业时长。

④ 如果你的办公室或工作场所需要市政执照，应在合同中注明房东应提供所有必要文件。

⑤ 押金不可超过两个月房租或法律规定的其他金额，并在合同中注明。如果可以的话，用银行支票支付押金，以保留你的现金。

签订租赁合同时，切记这些细节。我的个人经验告诉我，这些非常重要。

一些与律师打交道时应记住的提示

① 你可以与律师签订两种合同。你可以与律师签订合同并聘请他，并按月支付佣金，或者你也可以与律师合作，按案件支付。

② 请记住，如果你按月支付佣金，几年之后，如果你决定不再聘用他们，他们可以索要遣散费。

③ 在一些国家，如果你的公司的资金超过一定金额，你需要保留一名律师，并且你有义务向你的公司注册所在地的商会提交一份合同副本。你是否需要律师取决于法律规定。如果你正处于创业阶段，将资金保持在那条线以下，以避免此类开支。

④ 除非你需要非常频繁地处理法律事务，否则最好以案件为基础与律师打交道。

选择广告商时，请注意以下几点

公司创立后，你将需要会计、律师和广告商的外部支持。请记下以下我对选择广告商的建议。

① 请确保广告商团队具有进取精神。只有具有进取精神的广告商才能明白，作为企业家，你的优先目标是“销售”。

② 我已经与一名专业广告人合作了20年。她在哪家广告公司，我就选择哪家公司。她甚至能从我的语气中听出我的目标客户概况。尽管她不是一名企业家，但由于她的进取精神，她最能明白，我宁愿要一支能带来销量的广告，而不是要一支艺术性广告。出于这个原因，我与她和她的团队合作，为我的公司推出广告宣传活动。

③ 向广告商详细说明，你需要的是一支能带来销量的广告，而不是一支艺术性广告。

打印你的名片

你可能注意到了，即使是作为学生，我也有名片。如果你打算创建你自己的企业，请立即打印你的名片。名片上无须留地址。如果你给我的名片上有以下信息，我会对你印象深刻：詹姆斯·克朗；企业家；电话与邮箱。

① 打印1000张名片的费用并不高。名片会使你与合作伙伴之间地位平等。与其向商人索要名片，不如你主动向他递上名片，并期待他与你交换名片。

② 用优质纸打印名片。

③ 选择时尚设计和经典字体。让你的名片具有商务“气息”。

确定你的徽章和标志

一旦确定你的公司地址，便开始品牌工作。与你的广告商沟通，并让他们为你设计醒目的商务风格标志和徽章。

① 徽章和标志是非常重要的。这就像是给你的孩子取名字。确保获得专业意见。

② 一旦确定你的徽章和标志，便可根据你们国家的专利法注册品牌。

③ 立即准备企业标识。

当你设置徽章和标志的时候，打印你的企业标识集套。这一集套将尤其有助于企业的销售，它包括五个基本物品：

a. 能够装下大号文件夹的信封；

b. 装小号信件的信封；

c. 信头；

d. 栅栏式折页机；

e. 便利贴。

打印你的发票和账单收据

立即打印具有徽章和标志的发票和销售账单收据。各国对这些单据的法律要求各不相同。

① 你的销售收据应为三联、打孔且有编号的收据。第一联给你的客户，第二联给你的会计，第三联给你自己。

② 打印收据无须获得税务署的批准。可在任何一家印刷厂打印。

③ 你还应该打印三联发票单。一般宜在税务署认可的印刷厂打印这些发票，取决于你们国家的法律。印刷厂给发票编号，并随交货记录一起交付给你。切勿遗失交货记录。把它放在你的公司的基本文件中。印刷厂将寄送副本给税务所。遗失发票是个大麻烦，并且难以向税务署解释。每月密切检查你的发票收据。

准备好你的招牌

① 一旦制作好你的徽章和标志，便可制作办公大楼外部的招牌。拍下你的写字楼的外部，并将照片交给你的广告商。

② 根据尺寸大小，乙烯招牌的成本各不相同。在大部分地区，每100m^2成本达1000美元。

③ 如果你的办公室位于车水马龙地带，使用霓虹灯招牌会非常有效。成本可能高出50%，但物有所值。

准备一份企业衔接文件

企业家可能会被诸事分神。我曾见过一些企业家丢失了他们最重要的公文。实际上，我可能是第一个这么做的人，因为没有人告诉我应该怎么做。

① 准备一个文件夹，并把所有重要文件放入其中。例如：主要公司合同；商会注册文件；签字通知；发票交付记录；银行账户详情；市政级执照；纳税证明；社会保险通知函；税务署编制记录；税务署与社会保障体系密码；设备保修书；等等。

② 与分行靠近你的办公场所的银行合作。

③ 不要用信用卡POS机，除非你非常需要它。闲置时，每台POS机只会扣取少量金额，但到年底的时候，如果你有多台POS机，可能稍不留意就会累积高额费用。

开户

成立公司后，你需要开户。关于开户，我有以下几条建议。

① 若你需要一台POS机，那么请与银行协商一个锁定的POS限值。若你的使用量低，一些银行不会收费。银行之间的限值不同。协商使用条件。

② 若你需要支付支票，那么请在打印支票前慎重考虑（若你在美国，那么请检查银行提供的选项，因为很多银行都提供免费的商业支票账户）。

③ 我的建议是，拒绝你银行账户提供的自动信贷账户服务。小额自动信贷账户贷款5000～20000美元不等，年末时你会发现你被收取了高利率。相反，若让银行在你的余额低于某个限值时电话通知你，那么你可获得一笔存款。否则，对于被收取了高利率一事，你将被蒙在鼓里。这些都是我的经验之谈！

④ 别忘了拜访银行经理，介绍下自己。请让银行经理了解你的商业规划、你所开发的商业模式的性质以及对公司的收益预期。别忘了每3个月拜访一次，谈谈你的公司的发展情况。这将对你的人际关系大有裨益。

⑤ 试着弄清楚你能为银行带来新的客户源做些什么。比方说让银行向你的客户推销他们的产品。何不试着一箭双雕呢？你的客户可以享受到银行的折扣服务，而银行也可以获得新的客源。当你需要贷款的时候，基本上已经是万事具备了，因为你为银行带来了许多好处，而你本可不必这样做，这一点你们心知肚明，那么银行还有什么理由不帮助你实现你的目标呢？

更多资源

加速器

www.sosventures.com

SOSventures是一家加速器风投企业，旗下直立式加速器项目遍布全球。加速器是一种加快产品/市场契合的新的创业项目：接收种子资本、指导、吸引后续资金。SOSventures为软件、硬件、生物科技、媒体以及食品行业高科技企业家提供世界一流的加速器。

拉丁美洲资金渠道

www.reofcapital.com

该网站关于技术创业者寻找在美国（东南部、大西洋中部、东北部、中西部和西海岸）和拉丁美洲（加勒比海地区、中美洲和安第斯地区）天使投资者、早期风投和中间市场私人募股资金的资源应有尽有。本网站还为企业家提供寻找资金、建议和其他行业研究，例如：房地产、不良资产和债务、能源、医疗等行业的丰富资源。

Arabreneur

www.arabreneur.com

Arabreneur致力于帮助中亚和北非地区青年创业者发展事业，为他们提供设备，发挥他们的创造力，发展创业公司，从而推动经济和社会发展。你可以关注中亚和北非地区的企业家生态系统，申请中亚和北非地区Arabreneur的种子资金、加速器、培训和导师。Arabreneur是企业家进入中亚和北非地区市场之门户。

ArcticStartup

www.arcticstartup.com

ArcticStartup是一家独立的技术博客网站，报道北欧和波罗的海国家的电子业和企业增长情况。

巴尔干创业论坛

www.balkanventureforum.org

巴尔干创业论坛是欧洲东南部的初创企业和风投论坛先锋，每年两次汇聚高端创新技术、知识和金融。其网站上有即将上线论坛的详细资料、社区新闻，并且提供申请论坛内组织的各种竞赛活动的机会。

拜巴尔·阿尔屯塔斯粉丝俱乐部

www.baybarsaltuntasfanclub.com

本俱乐部由我的粉丝运营，免费加入后，你可以看到我创业时期冒险的照片和视频。关于我在世界各地参加会议的时间和地点也可以看到。

拜巴尔·阿尔屯塔斯官网

www.baybarsaltuntas.com

在这个网站上，你可以看到我所有的动态。我会持续更新博客，写一些创业建议和其他相关信息。对于崭露头角的企业家是极好的资源。

博克斯经济学

www.berkonomics.com

通过RSS或电邮推送每周新帖和订阅资料，本博客由著名天使投资者和小企业专家大卫·博克斯（Dave Berkus）撰写，旨在提供从创业初期、壮大到成功的重要建议。是全球高管和企业家必读之作。

BrainsClub

www.brainsclub.org

BrainsClub，由塞尔玛·普罗达诺维奇（Selma Prodanovic）女士创立，是致力于支持培养世界各地1000000位新企业家的动态社区。BrainsClub成员可拥有一流创业经验、知识、独一无二的个人发展支持，并被培养成为当今最有影响力和最有远见的企业家。会员费每年1000000欧元。

丹麦风险投资和私募股权

www.dvca.dk

DVCA是丹麦投资者的贸易协会，致力于将丹麦打造成全国乃至全球更具吸引力的投资之地。

大卫·博克斯

www.berkus.com

大卫·博克斯是著名的天使投资者和创业者。大卫·博克斯在本网站上分享了其主题演讲的视频片段、《博克斯报告》电视节目以及关于企业的TEDx演讲。本网站囊括了大卫创业成功和失败的故事、经验、《博克斯经济学》中的创业建议，等等。

在新兴国家经商

www.bricandchina.com

金砖国家专家、演说家、创业者和思想领袖大卫·托马斯凭借其确认、建立和促进发达国家和新兴国家的商业与投资关系的经历、公信力及热忱而闻名于亚太地区。在大卫的博客中，你可以关注他在金砖国家、薄荷糖国家及其他新兴国家的经历，从而发现商业、投资和贸易良机。

在俄罗斯经商

www.ved.gov.ru/eng/

本网站提供了俄罗斯对外贸易的最新资讯、与俄罗斯市场打交道所必需了解的规则，以及经商的机会。本网站还可帮助你寻找进出口、投资伙伴，以及确认他们的经验和声誉信息。

龙穴之龙

www.ddturkiye.com – Turkey

http:/ abc.go.com/shows/shark-tank – USA/

http:/ www.bbc.co.uk/dragonsden – UK

《创智赢家》和《龙穴之龙》为要开创自己商业的雄心壮志的企业家们寻找合作伙伴和融资机会。这些网站是学习推销技巧的一大资源。

EBAN – 欧洲天使投资网络

www.eban.org

EBAN代表的是天使投资者、天使投资网和联盟网、种子资金和欧洲弥补资本缺口的其他实体的利益。

EntreCity

http:/ entrecity.com

EntreCity的理念在于通过向企业家提供成功所需的企业工具和技能来协助企业家实现其商业雄心。EntreCity为有雄心壮志的企业家们提供了在线创业课程和指导。EntreCity首先通过课程帮助企业家们树立正确的心态，然后指导企业家如何制定商业规划以及筹资的方法。

创业精神

www.entrepreneurship.org

在本网站你可以看到全球创业发展动态。它是旨在为世界各地的企业家、政策制定者、研究人员及学者提供资源的网络社区。

ESTBAN－爱沙尼亚商业天使网络

www.estban.ee

爱沙尼亚商业天使网络是天使投资者及其群体的联盟组织，旨在爱沙尼亚及其周边地区寻找投资机会，壮大种子期投资的规模、提升质量。

欧洲科技

www.tech.eu

本网站囊括了欧洲科技行业资讯。

为创业项目或企业寻找投资

www.techtour.com

Tech Tour为高新技术企业家（初期–后期）、创新型投资者、企业和政府影响力人物提供平台社区。本组织致力于通过汇集欧洲和国际投资者的顶尖创业人才来推动欧洲新兴科技企业的发展。Tech Tour旨在促进创新生态系统核心成员间的联系，一直是众多成功高新技术企业创业的跳板。

全球创业数据库

http:/ globalentrepreneurshiplibrary.org

全球创业数据库是知识、资源国际性门户，保障世界各地的参与者和策展人获得成功。通过主题、市场、资源类型和商业阶段（萌芽期到退出期）筛选所需资源。

全球创业研究网络

http:/ gern.co

全球创业研究网络是致力于使用研究方法实现创业的充分潜力的机构联盟，以打造全球意义上的共同繁荣。本网站将持续更新考夫曼基金会（Kauffman Foundation）、世界银行（World Bank）、实业观察组织（Endeavor Insight）等机构的最新研究信息。

全球创业大会

http:/ gec.co

全球创业大会是全球多领域创业冠军的聚集——企业家、投资者、研究人员、思想领袖和政策制定者共同合作，将理念传播到生活中去，推动经济增长，以及提高人类福祉。

全球创业计划

http:/ www.state.gov/e/eb/cba/entrepreneurship/gep

全球创业计划是美国国务院发起的致力于推动和激励创业，促进、协调私营部门和美国政府项目，支持世界各地的企业家。

全球创业周

http:/ gew.co

每年11月都有数百万人参加全球创业周项目、活动和竞赛。本网站提供了全年150个国家创业生态系统的大事件的概况。引导读者深入了解从国家层面上支持企业家的信息和资源。

协助企业进行全球扩张

www.globetrade.com

全球小型企业专家、演说家、企业家和作家劳雷尔·德兰尼倾情协助创业者和小型企业拓展他们的国际业务。雷尔·德兰尼著作《出口：海外销售盈利权威指南》被奉为出口业务圣经，其全球小型企业博客世界排名第一，主要面向有兴趣走向全球的企业家和小型企业。

LDJ Capital

www.ldjcapital.com

LDJ Capital拥有企业发展和进入全球资金市场的途径，拥有创业和管理关系网，为客户提供世界级的资源，推动企业发展、提高品牌曝光率以及增值。凭借数十年多领域企业咨询、运营和投资经验，LDJ Capital欲与经验丰富的管理团队合作，利用其人脉关系网，为客户和投资组合公司创造可持续的资金来源。

Lean Disruptor

www.leandisruptor.com

本网站提供了若奥·佩雷拉搜索工具和方法的历程，帮助企业制定发展战略。

Links Angel BAN

www.linksangelban.com

本网站创建目的在于帮助天使投资者寻找具有好的创业点子的新创业者。是天使投资者与初期创业者的交流平台。

《移民女性》杂志

www.migrantwoman.com

本网站的高质量杂志内容适宜人群：拥有智慧、抱负和积极心态的移民女性，她们决心并且有动力过上更幸福的生活。企业和创业是本网站的核心特征，包括“询问创业者”。整体服务宗旨在于激励全球女性勇于追求自我梦想。本网站是建立共同兴趣和愿景社区的平台，鼓励合作、发表看法、勇于想象以及共同理解。

Mr. All Biz and The Self-Employed

www.mrallbiz.com

www.theselfemployed.com

史蒂芬·施特劳斯，《今日美国》的高级小型企业专栏作家，拥有15本著作，如《小企业宝典》，网罗了这些网站的企业家。

Oasis 500

www.oasis500.com

Oasis 500是创意产业、科技、ICT、数字媒体和移动领域企业加速器和投资公司，总部位于约旦安曼，由国王阿布杜拉二世资助区域性和全球性发展。其首要类型主要针对约旦、中东和北非地区，公司发展理念在于建立创业新平台，推动充满热情、雄心勃勃的企业家创业。

Rainmaking

www.rainmaking.co.uk

Rainmaking是一个“公司工厂”——推出初创企业、打造成实力雄厚的企业后退出由其自主发展。如今Rainmaking运营了15个投资组合公司，共计250个团队成员，分布在哥本哈根、伦敦和柏林。

SmallBizLady

www.succeedasyourownboss.com

本资源博客由被誉为美国首席小企业专家的梅林达·爱默生发布。她主要发布初创企业和现有企业家方面的企业规划、管理、营销和社交媒体等相关资源。

Startup Nations

http:/ startupnations.org

Startup Nations一直致力于确定可以激发创业精神和创新的政策杠杆。本网站更新成员国咨询，研究不同的监管变化及其他政策情况，同时共享正在实行和未实行的政策看法。

Start-up Open

http:/ startupopen.com

Startup Open识别、确认在上一年建立的有潜力的初创企业。你可以在本网站了解更多信息，也可以参加有奖竞赛，如全球创业大会之旅、指导经历，等等。

Startupbootcamp

www.startupbootcamp.org

Startupbootcamp最初创立于哥本哈根，是以产业为重心的初创企业加速器的全球网络。提供与领域相关合作伙伴、投资者和导师国际网接触的机会。

中欧和东欧地区的初创企业

www.goaleurope.com

在本网站上，你可以浏览俄罗斯、中欧和东欧地区的软件开发、外包、高新技术产业投资等资讯。

SuperFounders

www.superfounders.com

SuperFounders是为欧洲东南部地区打造的初创企业加速、投资平台。它支持发展多城市初创企业社区，提供加速项目和活动。其网站是一个宝库，包括初创企业资源、新闻博客、活动和项目日程表（包括申请机会）。

Tenmou

www.tenmou.me

Tenmou是以巴林为中心的天使投资群体。本网站囊括了众多好资源，如中东地区的天使投资情况和天使投资者谈论投资内容的帖子。

尤因-马里恩-考夫曼基金会

www.kauffman.org

坐落于美国密苏里州堪萨斯城的考夫曼基金会中心，是世界上针对建立自己企业的创业者教育首屈一指的组织。它也常被称为世界上最大的创业基金会。

Soho Loft传媒集团

www.thesoholoft.com

Soho Loft传媒集团是一家全球财经传媒公司，下属三个部门：时代影响出版物生产投资和创业相关内容，在100本前沿网络出版物出版和同步。Soho Loft Conferences每年组织一次由200名投资者组成的全球峰会、会谈和活动。Victoria Global公关部从事客户投资者关系、公关、品牌和社交媒体营销工作。

时代纪实新闻

www.timesrealtynews.com

时代纪实新闻是新兴房地产众筹产业的媒体流。TRN因《创业企业扶助法》和财经领域中其他新的以及更替趋势带来的财经现实变化趋势而处于该现象的最前沿。它记录了这个产业中的房地产众筹平台、企业家、开发商、投资者、专业人员、专家、技术人员、创新者、传媒和教育者的工作和发展情况。

VentureBeat

www.venturebeat.com

本网站主要提供科技创新资讯和观点。提供新闻、分析、活动的深层次背景，帮助高管、企业家和技术爱好者做出明智之选。

VentureConnect

www.ventureconnect.ro

本网站于罗马尼亚布加勒斯特成立，是当今最活跃的科技企业家和欧洲东南部初期投资者的对口平台。企业家可在网页上申请项目、参加竞选会议、与实际论坛中的投资者会面以及寻找有价值的创业资源。

Victoria Global

www.victoriaglobal.co

Victoria Global专注于为公司提供意见，是您公关部的合作伙伴。凭借金融创新、机构投资和众筹的专业知识和网络丰富经验，他们提供综合方法，采用平衡和多层次体系及战略，为您的公司打造前沿的公众、投资者和社交媒体关系。作为贵公司的代言人，Victoria Global可拉近您和您的客户之间的关系。

WBAA－世界天使投资联盟

www.wbaa.biz

世界天使投资联盟是为全世界所有天使投资者提供的官网。该网站旨在促进天使投资领域中企业之间的沟通。

Webit Congress

www.webitcongress.com

每年都有来自11个国家10000余名参会者参加Global Webit Congress，它是欧洲、中东、非洲和亚洲的纽带。Global Webit Congress是数字、科技和电信产业的全球性盛会，支持数字和科技产业的发展，促进知识和技术发展，打造最佳商业社交盛会。与会者和演说家均为来自世界一流企业的高管，如苹果、贝宝、谷歌、脸书、雅虎、联合利华、Stripe、 Seamless、乌班图、Coursera、尼桑、亚马逊、国际商业机器公司、 Yandex、高通公司、思科公司、阿卡迈公司等。

WFC－世界特许经营联会

http:/ www.worldfranchisecouncil.net

WFC是特许经营联合会的全球性组织，旨在支持加盟连锁的发展和保护，促进公正、合乎道德的全球连锁的共同发展。

世界创业论坛

www.world-entrepreneurship-forum.org

世界创业论坛，总部位于法国，将世界各地的创业者汇聚一堂。世界创业论坛创立于2008年，其唯一信念为：在面对当前主要的颠覆性变革时，通过构建财富和社会公平，创业是塑造2050年世界的关键。

Xevin

www.xevin.eu

Xevin是中欧和东欧地区最活跃的风投网站。

参考文献

[1] "Remarks by the President at Cairo University, 6-04-09." The White House. June 4, 2009. Accessed August 24, 2014. http://www.whitehouse.gov/the_press_office/Remarks-by-the-President-at-Cairo-University-6-04-09

[2] "Remarks by the President at the Presidential Summit on Entrepreneurship." April 26, 2010. Accessed August 24, 2014. http://www.whitehouse.gov/the-press-office/re marks-president-presidential-summit-entrep reneursh ip

[3] "Edirne." Travel Guide at Wikivoyage. Accessed August 24, 2014. http://en.wikivoyage.o rg/wiki/Edirne

[4] "Hazelnut" Wikipedia. Accessed August 24, 2014. http://en.wikipedia.org/wiki/Hazelnut

[5] "Giresun." Travel Guide at Wikivoyage. Accessed August 24, 2014. http://en.wikivoyage.o rg/wiki/Giresun

[6] "Tükiye'nin En Çok Istenen Şirketleri (Turkey's Most Desirable

Companies to Work For).” Kariyer.NET. February 1, 2004

[7] Bilesim Advertisement Index. January-May (1997)

[8] “Turkiye nin Franchising Devleri 100 (Turkey’s Top 100 Franchising Giants).” Ekonomist, September 8, 2013

[9] Amorós, Jose Ernesto, and Niels Bosma. “Global Entrepreneurship Monitor Global Report 2013.” Global Entrepreneurship Monitor. January 20, 2014. Accessed August 24, 2014. http://www.gemconsortium.org/docs/download/3106

[10] Sohl, Jeffry. “The Angel Investor Market in 2007: Mixed Signs of Growth.” University of New Hampshire. January 1, 2007. Accessed August 24, 2014. http://www.u nh.edu/news/docs/2007AngelMarketAnalysis.pdf

[11] “2014 ACA Summit” ACA Summit / Angel Capital Association. Accessed August 24, 2014. http://www.angelcapitalassociation.org/2014summit/

[12] “€5.1 Billion Market Shows European Angels on the Rise!” EBAN (European Trade Association for Business Angels, Seed Funds and Early Stage Market Players). July 5 2103. Accessed August 24, 2014. http://www.eban.org/e5-l-billion-market-shows eu ropcan-angels-on-the-rise/#.U_mA DrySySJ

[13] The World Bank and Ewing Marion Kauffman Foundation.

"Identifying deals and investing" in Creating Your Own Angel Investor Group: A Guide for Emerging and Frontier Markets, (Washington, DC: World Bank. 2013), 54

[14] "Tüklye'nin En Çok Istenen Şirketlerl (Turkey's Most Desirable Companies to Work For)." *Koriyer*. NET, February 1, 2004

[15] "Yerli Giri; imcinin Kitabi Steve Jobs'u Solladi (Local Entrepreneur's Book Outsells Steve Jobs' Book)." Hiirriyet. November 26, 2011. Accessed August 24, 2014. http://www. hurriyet.com.tr/ekonom i/ 19331522.as p

[16] Aytaç, Gökmen. "Manisa'dan Baybarss Altuntaş Geçti (Baybars Altuntaş Pays a Visit in Manisa)." Milliyet. November 20, 2011. Accessed August 24, 2014. http://www. milliyet.com.tr/manisa-da n-baybars-a ltuntas-gecti/gokmen-aytac/ege/yazardetay/22.11.2011 / 1465703/default.htm

1. 国家战略

《从黄河文明到“一带一路”》（第1、2卷）

两卷的名字分别是“中华帝国的治乱得失”和“王朝覆灭的历史宿命”。本书对中国政治、经济、文化、军事进行了全面梳理，颠覆了很多人们对历史的评断，对于时下复兴阶段的中国社会也有着重要的启示。

《持续执政的逻辑》

本书通过对历史脉络的梳理，以独特的视角，对中国历史上的王朝兴衰作了细致分析。本书注重资料的丰富性、全面性，以及论述的客观严谨性。

《国家重构：中国全方位改革路线图》

本书清晰勾勒出改革的标准、目的及核心价值观，并给出了经济体制、政治体制改革应遵循的原则，同时也特别强调，改革需要智慧、勇气和行动。

《新摩擦：中国VS西方》

新老巨头傲慢相遇，令人担忧的新摩擦与碰撞必然会发生吗？谁将在这场交锋中获胜，双方是否有可能陷入最坏的情形？

《改革：中国做对的顺序》

中国的改革做对了供给新制度的顺序，使得改革红利得以发挥，改革危机得到控制。相信这应该成为现代“中国故事”的重要情节，为改革正名，为未来引路。

《“一带一路”沿线国家安全风险评估》

本书就“一带一路”沿线国家安全风险展开评估，对各国国家安全风险进行分级，并分析主要安全风险源。运用大量资料与数据阐明安全风险产生的原因，以及潜在的风险等。

《2049年的中国海上权力》

2049年，中国完成“第二个百年目标”之时，中国将成为一个怎样的海洋强国，会超越美国吗？这是一部聚焦海洋战略，集战略规划、政策思考和战略预测于一体的著作，意在为您解答有关中国海洋强国的几乎所有重大问题。

《海上新丝路》

本书在全面回顾中国古代不同时期海上丝绸之路兴衰历程的基础上，深入分析了中国海洋交通运输产业的发展现状，并立足全球海运未来走势，探讨了建设“21世纪海上丝绸之路”的战略构想，提出了振兴海洋事业的政策建议。

《日本，日本》

本书从历史、国际法、美国干预、现实纠纷等方面讨论中日关系的现状与未来，目标并非贬损日本，更不是在骂日本，而在于提醒人们，当心日本。

《日本，一个危险的邻居》

日本是一个难以理喻的国度，自视“吾乃神国”；对周边国家人民，尤其中国人民，犯下了滔天罪行，却屡屡回避；时至今日，我们必须看清它，以保持足够警醒。

《蒋介石为什么失去大陆》

从抗战胜利到被赶出大陆，蒋介石溃败的速度几乎超出了所有人的预期，短短四年时间究竟发生了什么？本书引用史料丰富，很多史料皆首次披露，鲜为人知但非常震撼。作者一改传统堆砌史料的沉闷文风，行文深入浅出、生动风趣，读来令人耳目一新。

《这个国家会好吗》

本书从经济视角入手，力图解释中国崛起的原因，并回答“中国会好吗”这一世纪之问。本书涉猎内容甚广：贫富分化如何产生、市场有哪些缺陷、地方政府如何定位……

《大象之殇》

这些年来，从政客、学者、媒体到投行分析师，许多西方人对印度不吝溢美之词，给印度奉上了一顶又一顶桂冠，中国国内持此论者也不乏其人。然而，真的是这样吗？真相究竟如何？

2. 金融投资

《不作不死》

中国资本田野，强者持镰，众弱耕耘多年竭泽而渔，岁逾荒芜，羊者狼皮，狼者人皮。金融小说家、《同业鸦片》作者顽石最新力作。

《理财金典：赢在A股》

一生能够积累多少财富，不取决于你能够赚多少钱，而取决于你如何投资理财。钱找钱胜过人找钱，要懂得钱为你工作，而不是你为钱工作。一书在手，即可透彻了解中国A股市场，迅速从门外汉成为炒股高手。

热销精品

《资本风口》

本书及时而系统全面地介绍了新三板发展前世今生的全景图、实务操作、投资陷阱案例库等，对于寻求在新三板发展壮大的中小企业、寻求投资机遇的投资机构、寻求促进民间投资发展经济的政府部门，都将是一个很好的指南针。

《资本陷阱》

本书总结了当下广泛分布在新三板交易所管理、新三板挂牌企业与意向挂牌企业、新三板市场中介机构等领域的众多乱象，并提出了建设性建议。

《天使投资》

本书是硅谷天使林富元集 40 年天使投资经验凝结而成，书中精选了他在天使投资领域的众多案例，既有成功的典范，也有失败的教训，力图为读者展现一幅天使投资的全景图。

《中国天使投资》

本书是国内第一部系统讲解分析中国天使投资理论与实践问题的著作旨在让更多的专家和学者关注天使投资，探索天使投资在中国发展的内在规律和最优模式，为实践者提供理论指导，也为政策制定者提供决策依据，推动中国天使投资规范健康发展。

《天使投资：创业与资本无国界》

本书是几十位国内外著名天使投资研究学者权威力作的中文引进版本。本书全面总结并分析了最新的全球天使投资市场与政策情况。

3. 经济管理

《我是银行客户经理》

日剧《半泽直树》中提到：银行是“晴天发伞，雨天收伞”。而是事实上，银行到底是如何运行的？抱怨贷款难的中小企业的实际情况又是如何？本书将为您一一解答。

《品牌与文化》

本书是恒源祥（集团）有限公司董事长刘瑞旗先生多年品牌经营研究的心血结晶，是一部能够将品牌经营说得透彻明白的力作。

《新媒体时代》

在这样一个变革剧烈的时代，我们如何看待新媒体，如何利用新媒体？几十位新媒体大 V 参与写作的《新媒体时代》将为您带来关于新媒体的思考和互动活动。

征稿启事

中国发展出版社系直属于国务院发展研究中心的中央级出版社，多年来致力于出版经济管理、金融投资、国家战略、人口政策等方面的精品图书。我们一直关注、参与并影响着中国社会的发展。同时，我们也一直努力从文化产业角度立体地挖掘图书的社会与商业价值。如果您相信自己的作品经得起时代发展的沉淀，并认可我们的出版理念及能力，欢迎您投稿。

邮　箱：1034844972@qq.com

106016785@qq.com

电　话：010-68990646

我们的出版大门永远向您敞开！